디지털 세상을 살아갈 너에게

디지털 세상을 살아갈 너에게

펴낸날 2025년 1월 20일 1판 1쇄

지은이_최서연, 전상훈
펴낸이_김영선, 김대수
편집주간_이교숙
책임교정_나지원
교정·교열_정아영, 이라야, 남은영
경영지원_최은정
디자인_바이텍스트
마케팅_신용천

펴낸곳 미디어숲
주소 경기도 고양시 덕양구 청초로 10 GL 메트로시티한강 A동 20층 A1-2002호
전화 (02) 323-7234
팩스 (02) 323-0253
홈페이지 www.mfbook.co.kr
출판등록번호 제 2-2767호
값 17,800원
ISBN 979-11-5874-245-4(43370)

미디어숲과 함께 새로운 문화를 선도할 참신한 원고를 기다립니다.
이메일 dhhard@naver.com (원고 투고)

AI 시대, 청소년을 위한
디지털 지능 계발서

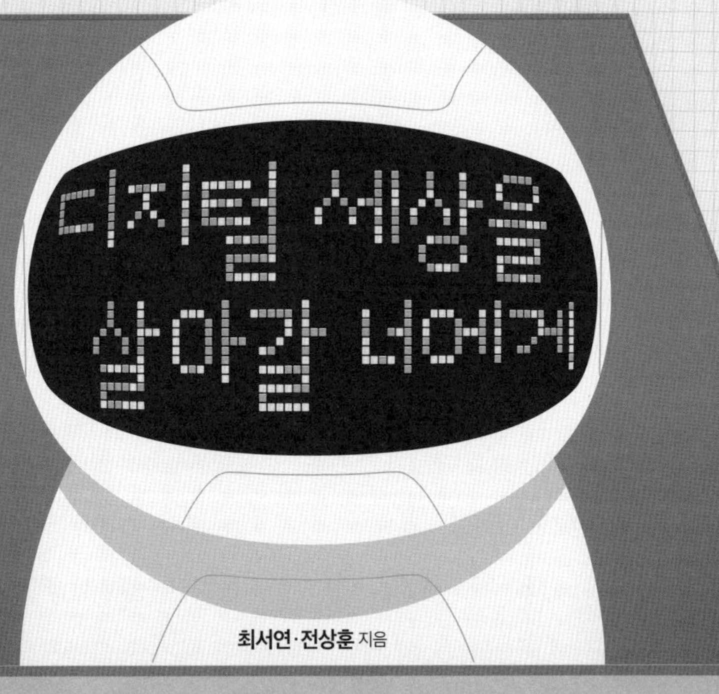

디지털 세상을 살아갈 너에게

최서연·전상훈 지음

미디어숲

AI 시대 나는 누구인가?

우리는 그동안 『챗GPT, 질문이 돈이 되는 세상』과 『AI, 질문이 직업이 되는 세상』을 통해 AI가 주도하는 디지털 세상에서 청소년들이 자신의 진로와 미래를 어떻게 가꾸어 가야 할지 미래 전략에 관해 이야기해 왔습니다. 책을 출간한 이후 수백 번의 강연과 상담을 하면서 수많은 학생, 학부모, 교사 그리고 직장인을 만났습니다. 그들은 하루가 다르게 급변하는 세상에서 인공지능에 종속되지 않고 어떻게 자신들의 존재 가치를 유지하며 살아갈 수 있을지 두려움을 느끼고 있었습니다.

이 두려움의 근본적인 원인은 크게 두 가지로 나눌 수 있습니다.

첫째, 개인의 의지와 상관없이 자신의 정보가 노출되고 악용될 수 있다는 위험성입니다. 이는 디지털 세상에서 정보의 통제가 쉽지 않다는 점에서 비롯됩니다.

둘째, 급속하게 발전하는 AI 기술이 인간의 영역을 침범하며, 우리의 삶 곳곳에 깊숙이 침투하는 현실을 목격하면서 자신의 미래에 대한 불확실성을 인식하게 되었다는 점입니다.

이러한 두려움의 근원인 불확실한 미래에 당당히 나아가기 위해서는 변화 앞에서 도전정신과 희망을 선택해야 한다고 강조해 왔습니다. 이를 제대로 수행하기 위해서는 디지털 세상을 온전히 이해하는 것이 우선입니다. 우리는 AI, 데이터 그리고 디지털 기기로 연결된 미디어 세상을 충분히 이해해야만 합니다. 이러한 이해를 바탕으로 개인의 리터러시 능력을 키운다면 불확실한 미래를 조금이나마 준비할 수 있고, 나아가 불안을 희망으로 바꿔 더 나은 내일을 만들어 갈 수 있습니다.

특히 우리는, 앞으로 미래를 이끌어 갈 청소년들이 디지털 세상에서 자신의 미래 가치를 높이기 위해서는 명확하고 이해하기 쉬운 기준을 제시해 줘야 한다는 필요성을 느꼈습니다. 이 책은 바로 이러한 고민에서 출발했습니다. AI 윤리가 중요한 이슈로 대두되고 있는 만큼, 청소년들이 이를 올바르게 이해하기 위해서는 먼저 디지털 세상의 정의와 특성을 이해하고, 그것이 자신의 삶과 어떤 관계가 있는지를 알아야 합니다. 따라서 이 책에서는 디지털 환경에서 지녀야 할 책임감 있는 윤리적 태도와 주체적인 행동력을 기르는 방법을 제시하고, MDDAI 리터러시(미디어, 디지털, 데이터, AI)의 각 개념을 설명하며, AI 디지털 교과서AIDT, Artificial Intelligence Digital Textbook와 함께 스스로 똑똑하게 공부하는 방법과 슬기로운 디지털 라이프를 유지할 수 있는 방법을 소개합니다.

1장에서는 AI, 데이터, 디지털 세상을 이해하는 데 중점을 두었습니다. AI와 디지털, AI와 데이터의 관계, 딥페이크, AI 윤리 등의 주제를 다루며 디지털 세상을 이루는 요소 사이의 연관성을 다루었습니다. 또한 세계 최초로 제정된 EU AI 규제법 등 글로벌 AI 법을 통해 AI의 위험군이 어떻게 정의되는지도 설명했습니다.

2장에서는 디지털 세상에서 꼭 필요한 리터러시를 미디어, 디지털, 데이터, AI로 나누어 설명했습니다. 더불어 알고리즘의 힘을 설명하며 문해력과 디지털 세상에서의 판단력 향상에 대해 다루었습니다.

3장에서는 디지털 세상에서 나를 지켜낼 수 있는 자세와 습관을 다루었습니다. 특히 텍스트의 힘을 강조하며 독창적인 독서일지를 소개했습니다. 가짜 정보와 해킹형 정보의 판별법, 디지털 공간에서 지켜야 할 에티켓을 통해 청소년들이 책임감 있는 디지털 시민으로 성장하는 데 도움이 되는 내용도 담았습니다. 건강한 디지털 생활을 위한 자가 진단표와 스마트폰 사용법을 소개해 슬기로운 디지털 세상을 만들어갈 수 있는 기초를 마련했습니다.

4장은 2025년부터 시행될 AI 디지털 교과서에 대비한 내용으로, AI 디지털 교과서의 정의와 개념, 5가지 특징과 양면성을 분석했습니다. 이와 함께 효과적인 학습법으로 '키워드 분석법'과 질문력을 향상하는 '빅픽처 창의성 훈련법'을 담았습니다.

세상에는 언제나 음과 양이 존재합니다. 아무리 좋은 음식도 누군가에게는 해가 될 수 있고, 좋은 운동도 누군가에게는 삼가야 할 수 있습니다. 양날의 검인 AI는 이러한 음과 양의 경계를 디지털 세상에서 더욱 극명하게 드러냅니다. 따라서 AI가 본격적으로 우리 일상에 활용될 2030년대에 사회의 주역이 될 현재의 청소년들이 가장 먼저 해야 할 일은 'AI가 어떤 측면에서 긍정적인 역할을 수행하고, 반대로 어느 분야에서 부정적인 영향을 미칠지를 구분하는 능력을 키우는 것'입니다. 특히 AI를 활용하는 데 있어 그 기준을 세우고 어떻게 행동해야 할지를 스스로 정리한 뒤 올바르게 활용하는 지침을 마련하는 과정이 필요합니다. 이러한 일련의 과정은 AI가 주도하는 디지털 세상을 살아갈 청소년에게 필수적인 덕목입니다. 즉, 단순히 청소년들이 대학 진학을 위한 준비를 넘어서 디지털 세상에서 자신의 존재 가치를 증명하고 당당하게 미래를 만들어 가는 데 필요한 역량입니다.

AI 시대를 살아가는 청소년들에게 필요한 능력은 보이지 않는 것을 볼 줄 아는 것입니다. 보고 만질 수 있는 아날로그는 기억과 추억이라는 흔적으로 남지만, 만질 수 없는 디지털은 지울 수 없는 데이터라는 흔적으로 남아 새로운 가치를 창출합니다. 그 흔적의 의미가 무엇인지 이면을 파악하고 명확히 볼 줄 아는 능력이야말로 청소년들이 디지털 세상을 살아가기 위한 '게임체인저'가 될 것입니다. 알파세대, AI 네이티브 세대가 살아가야 할 미래, AI가 주도하는 디지털 세상을 여러분은 어떻게 이해하고 있나요? 이 질문에 대한 답을 찾을 수 있기를 바라며 이 책의 핵심 슬로건을 전합니다.

"나는 누구인가?"

"나는 디지털 세상에서 어떤 존재 가치가 있는가?"

광화문 사무실에서

최서연, 전상훈

차례

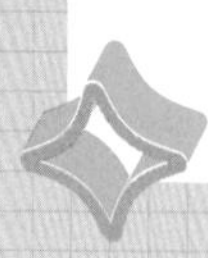

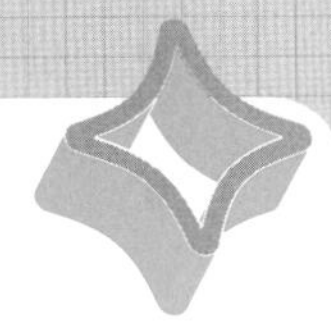

Part 3
디지털 세상에서 나를 지키는 습관

Part 4
AI 디지털 교과서 똑똑하게 활용하기

AI가 주도하는 디지털 세상은 무엇이 다를까?

1

모든 것은 흔적을 남긴다

2024년 여름, 텔레그램의 딥페이크Deepfake 성범죄로 인해 전국의 학교가 발칵 뒤집혔습니다. '딥페이크'는 인공지능 기술인 '딥러닝Deep Learning'과 가짜를 의미하는 '페이크Fake'의 합성어로, 인공지능 기술을 이용해 진짜 같은 가짜 뉴스, 이미지, 영상 등을 만들어 내는 것을 말합니다. 검찰청, 교육청, 학교 등 관련 기관에서는 비상 대책위를 신설하고 발 빠른 대응을 하고 있지만, 보란 듯이 10대들의 딥페이크 범죄는 늘어 가고 있습니다.

피해자 중 75.8%, 즉 10명 중 8명가량이 청소년으로 범죄 상황은 상당히 걱정스러운 수준입니다. 지난 2024년 9월 30일 교육부가 발표한 '학교 딥페이크 허위 영상물 피해 현황 4차 조사 결과'에 따르면 2024년 초부터 9월 27일까지 피해 학생 수가 799명에 달하고, 교사 31명과 직원 3명까지 포함하면 총 833명으로 이는 엄청난 수치입니다. 주목해야 할 점은 미성년자 대상 딥페이크 범죄의 가해자 대부분도 같은 미성년자라는 것입니다. 이는 이미 2024년 7월까지 서울 지역에서 적발된 딥페이크 합성물 10건 중 10건이 모두 청소년이 주도했다고 밝혀진 바가 있는데, 이 대목에서 딥페이크 등 디지털 범죄에 대한 청소년들의 인식 대전환 시기를 더는 미룰 수 없는 절박한 상황임을 알 수 있습니다.

이런 딥페이크 범죄 이슈는 디지털 세상의 어두운 단면을 그대로 보여 줍니다. 디지털 세상은 친구와 소통하고, 정보를 검색하고, 재미있는 콘텐츠를 즐기는 등 청소년들에게 무한한 가능성과 편리함을 제공하지만, 동시에 가짜 뉴스, 보이스 피싱[1], 해킹, 사생활 침해, 딥페이크 성범죄 등의 유해 요소를 동시에 가지고 있습니다. 무엇보다도 스마트폰, 태블릿 등 디지털 기기가 청소년들의 필수품이 된 가운데 2025년부터는 초중고 일부 교과에 AI 디지털 교과서가 도입됨에 따라 학교에서조차 디지털 기기를 접하게 되면서 청소

1 피싱(Phishing)은 전화, 이메일, 메시지, QR 등을 악용해 개인 또는 기업의 정보를 탈취하여 금전적 이득 등을 편취하는 행위를 말하며 보이스 피싱(Voice Phishing), 이메일 피싱(E-mail Phishing), 스미싱(Smishing), 큐싱(Qshing) 등이 있다. 스팸(Spam)은 대표적인 피싱 수단이다.

년들은 깨어 있는 시간 대부분을 디지털 화면 앞에서 보내게 되었습니다. 디지털 기기 중독과 건강 문제 등으로 학부모, 교사들의 고민이 점점 깊어갈 수밖에 없는 상황입니다.

학생들이 인터넷 게임과 소셜 미디어만으로도 스스로를 통제하는 것이 쉽지 않은데, 학교에서조차 디지털 기기를 가까이한다면 디지털 세상에 더욱 빠져들 수밖에 없고 자기 통제는 어려워질 수밖에 없음을 우려하고 있는 것입니다. 그로 인한 문해력 저하는 말할 것도 없거니와 AI 시대에 더욱 중요해지는 비판적인 사고력을 키울 수 있는 환경 조성에 더욱 다가가기 힘들어질 수 있습니다. 그럼 어떻게 해야 할까요?

디지털은 우리의 일상

스위스에는 첨단 기술을 사용하지 않고 시계를 만드는 시계 장인이 많습니다. 초침, 분침, 시침 등 시곗바늘로 정확한 시간을 나타내는 그 절묘한 시간의 연속성은 장인들이 만들어 내는 것입니다. 멋스러운 초침 소리는 장인들의 노력이고, 땀이 밴 아날로그 감성을 느끼기에 충분합니다. 1970년대에 들어서면서 시계의 대전환이 시작됩니다. 1972년 미국의 시계 회사 '해밀턴'의 펄사Pulsar 출시로 시곗바늘을 없애고 시간을 LED 숫자로 보여 주는 전자 손목 시계의 시대가 열렸습니다. 그 후 1990년대에 다양한 기능이 들어간 디지털 시계가 출현했고, 2024년 현재, 애플워치 같은 스마트 워치로 발전했습니다. 스마트 워치는 시계라기보다 디지털 기기라고 하는 것이 더 맞겠습니다. 시간을 볼 수 있는 기능 외에 나의 운동량 체크, 심박수 체크가 가능하며, 스마트폰이 그대로 연동되어 있으므로 스마트한 기능들이 모인 시계 모양의 디지털 기기입니다. 아날로그와 디지털의 본질적 의미는 신호 전달 체계를 가리키지만, 이 책에서는 디지털 기기를 사용해 인터넷 공간에서 이루어지는 방식을 기준으로 디지털과 아날로그를 구분합니다. 디지털은 0과 1로 이루어진 이진법을 사용하여 정보를 전자적으로 저장하고 처리하는 방식을 의미합니다. 우리가 사용하는 컴퓨터나 스마트폰에서 보이는 글자, 그림, 소리, 영상 등 모든 콘텐츠는 컴퓨터가 이해할 수 있는 0과 1의 조합으로 표현됩니다.

0은 켜짐을, 1은 꺼짐을 의미합니다. 우리에게 익숙한 전원의 심볼이 이런 의미를 담아 만들어졌습니다. 이러한 0과 1을 조합하고 다양한 부호화 및 인코딩 방법을 사용하여 복잡한 데이터를 표현하고 처리하게 되는데, 이러한 처리 방식을 통해 아날로그의 많은 것

을 디지털 형태로 비슷하게 표현할 수 있습니다. 우리가 디지털 박물관에서 가상의 호랑이와 코끼리를 만날 수 있는 것도 이러한 디지털의 작동 원리 때문입니다.

이 책은 아날로그와 디지털의 신호 체계, 연산이나 수식 등을 다루지 않습니다. 대신, 인터넷을 통해 정보를 찾고, 음악을 듣고, 친구들과 대화하며 생활하는 모든 활동이 이루어지는 디지털 공간에 관해서 이야기하고자 합니다. 여기서 말하는 '디지털 공간'이란 디지털 기술로 만들어진 가상 또는 온라인 영역을 의미합니다. 인터넷, 컴퓨터, 스마트폰, 메타버스, 기타 디지털 장치를 포함하여 우리 삶에서 접하는 디지털 또는 전자적 측면을 포함합니다. 즉, 아날로그 세상은 우리가 직접 보고, 듣고, 만질 수 있는 물리적 현실이라면, '디지털 세상'은 가상이나 온라인 공간에서 존재하며 물리적 디지털 기기를 통해 상호작용이 이루어지는 공간으로 정의할 수 있습니다.

오늘날 디지털 기기는 일상적인 필수품으로 자리 잡았습니다. 여러분의 일상생활을 한번 살펴보면, 아침에 스마트폰에서 울리는 알람 소리에 눈을 떠 날씨를 확인하고 친구들에게 메시지를 보내며 하루를 시작합니다. 등굣길에는 유튜브나 인스타, 틱톡에서 추천하는 최신 영상을 보거나 좋아하는 음악을 듣습니다. SNS 소셜 미디어에 올라온 사진과 영상에 댓글을 남기고 '좋아요'를 클릭합니다. 이는 거의 정형화된 우리의 일상입니다. 10대뿐만 아니라 나이를 불문하고 크게 다르지 않습니다. 맛집을 찾기 위해 검색을 하고 사고 싶은 옷이 있으면 오프라인 매장이 아닌 온라인 검색을 통해 정보를 파악합니다. 주말에는 친구와 함께 보고 싶은 영화를 검색하고 예매사이트에 가입해 티켓을 구매합니다. 카드와 연동된 스마트폰으로 버스와 지하철을 이용합니다. 반복되는 이런 일상에는 늘 스마트폰이 함께합니다.

이런 생활 속에 우리가 인식하지 못한 채 그냥 지나치는 것이 있습니다. 바로 '흔적'입니다. 그저 사고 싶은 옷을 사고, 먹고 싶은 음식을 먹고, 버스를 타고 가야 할 곳에 갔을 뿐인데 현실에서는 그것이 추억과 기억으로만 남지만, 디지털 공간에서는 그 발자취가 고스란히 남겨지고 저장됩니다. 소셜 미디어를 해도, 버스를 타도, 영화를 봐도, 인터넷과 연결된 디지털 기기를 통해 나의 일상이 디지털이라는 공간에 기록되고 있습니다. 그 흔적을 우리는 '데이터'라 말합니다. 그 데이터를 인공지능이 학습하고, 학습을 마친 인공지능이 나에게 맞춤 서비스를 제공해 주는 것입니다. 이렇듯 우리는 현실 속에서도 디지털 세상이라는 가상공간에 나의 발자취를 남기면서 살아가고 있습니다.

슬기로운 디지털 생활을 위해서

SF 영화 〈매트릭스The Matrix〉는 1999년에 개봉하여 2021년까지 총 4편의 시리즈를 개봉했습니다. 21세기를 앞두고 있었던 25년 전인 1999년, AI를 상상조차 할 수 없던 시절이었기에 영화에서 전개된 스토리는 매우 큰 충격을 안겨 주었습니다. 인간이 로봇에 의해 통제되고 현실 세계가 아닌 가상 세계 속 매트릭스 안에 존재한다는 것이 그저 상상일 뿐이라고 생각하던 때였습니다. 영화 속 주인공 네오는 자신이 알고 있던 세계가 가상 현실에 불과하며 실제 세계는 기계(인공지능이 컨트롤)에 의해 통제되고 있음을 깨닫습니다. 하지만 대부분은 AI가 통제하는 매트릭스 안에서 살아가고 있다는 것을 깨닫지 못합니다.

매일 사용하는 디지털 기기와 연결된 디지털 세상은 일종의 영화 매트릭스에서 보여 준 현실판 매트릭스와 비슷합니다. 우리가 클릭하는 모든 것, 검색하는 모든 단어, 업로드한 모든 사진과 영상은 우리의 성향과 행동을 분석하고 예측하는 알고리즘에 의해 수집되고 활용되고 있습니다. 이는 내 사고와 행동의 자유가 제약될 수 있음을 암시합니다.

유튜브의 추천 알고리즘은 우리가 어떤 영상을 시청하고 '좋아요'를 눌렀는지, 언제 시청을 시작했으며 얼마나 오랫동안 봤는지 등의 데이터를 수집하고 학습합니다. 고도화된 알고리즘은 마치 매트릭스가 사람들의 모든 생각과 행동을 감시하듯이, 우리의 취향을 학습해 맞춤 영상을 추천해 줌으로써 나의 선택의 폭을 통제합니다. 예를 들어, 고양이 영상을 자주 본다면 더 많은 고양이 관련 콘텐츠가 추천 목록에 등장하는 식입니다.

이렇게 우리는 알고리즘이 제공하는 선택지 안에서 새로운 영상을 발견하며 끊임없이 알고리즘으로 작동하는 플랫폼 안에 머물게 됩니다. 마치 매트릭스 안에서 사람들이 가상 현실을 실제라 믿고 살아가듯이, 우리도 알고리즘이 만들어 낸 디지털 세상을 아무런 의심 없이 받아들이고 있는 것입니다.

디지털 세상에 남겨진 우리의 데이터는 자칫 개인정보 유출, 해킹, 가짜 뉴스, 딥페이크 범죄 등 우리의 사고와 행동을 조작하려는 시도에 휘말릴 수 있습니다.

우리가 디지털 세상을 슬기롭게 살아가기 위해서는 무조건적인 디지털 기기 사용보다 그 특성을 이해하고 안전하게 이용하는 것이 중요합니다. SNS에 개인적인 정보를 공유할 때 신중해야 하며, 개인정보의 공개 및 비공개 설정을 철저히 관리해야 합니다. 스마트폰에 앱을 설치할 때도 개인정보나 데이터 공유, 위치 정보 제공에 무조건 동의하기보다는, 정보 제공을 해야 하는 그 목적과 나에게 도움이 되는지를 비판적으로 판단해 봐야 합니다. 이런 냉정한 판단은 2장에서 언급할 MDDAI 리터러시를 실천하는 행동입니다.

여러분은 디지털 세상을 이끄는 AI 테크 기업이 제시하는 모든 정책을 그대로 받아들이기보다는 다양한 관점에서 스스로 탐색하는 자세를 지녀야 합니다. 특히 SNS를 통한 개인정보 유출이 잦고 이로 인한 청소년들의 피해 사례가 증가하는 현실에서 디지털 세상에서의 안전한 행동과 의식은 선택이 아닌 필수입니다. 디지털 세상은 우리에게 무한한 가능성과 다양한 기회를 제공하기도 하지만, 동시에 그만큼 책임감 있고 주의 깊은 태도 또한 요구합니다. 디지털 기기를 사용할 때 항상 한번 더 생각하고, 자신의 정보를 지키는 현명한 사용자가 되는 것이 비판적 사고 기반 정보 융합 마스터의 올바른 자세입니다.

AI는 디지털로 생각한다

AI는 디지털 세상의 중요한 요소이며, 디지털 기술 없이는 AI가 존재할 수 없습니다. 디지털 기술은 정보를 전자적 형태로 저장하고 처리합니다. AI는 이러한 디지털화된 데이터를 학습하고 분석하여 인간과 유사한 사고를 하고 결정을 내립니다. 예를 들어, 자동차 내비게이션 시스템의 최적 경로 추천 기능은 AI와 디지털 기술이 결합된 대표적인 사례입니다. 이 시스템은 GPS를 통해 수집된 차량의 위치 데이터를 디지털 형태로 변환하고, 교통량, 도로 상황 그리고 과거의 주행 데이터를 분석하여 최적의 경로를 사용자에게 추천합니다. 방대한 사전 학습 데이터로 훈련된 AI는 실시간으로 교통 데이터를 분석하여 혼잡한 구간을 피하거나 예상 도착 시간을 단축할 수 있는 경로를 제시합니다.

AI의 이러한 예측 기능이 제대로 작동하기 위해서는 디지털 데이터의 충분한 지원이 필수적입니다. 사전 학습 데이터가 부족하거나 실시간 교통 상황을 정확히 감지할 수 있는 인프라가 갖춰지지 않았을 경우, AI는 최적의 경로를 제시하지 못하고 사용자를 잘못된 길로 안내할 수 있습니다. 이러한 문제는 2024년 추석 연휴 동안 모 회사 내비게이션을 사용한 사용자들이 논길에 갇혀 어려움을 겪으면서 드러났습니다. 당시 모 회사의 내비게이션은 국도 대신 이면도로를 추천했지만, 이면도로에 대한 실시간 통행량을 감지할 수 있는 인프라가 부족하여 차량이 급증하면서 예기치 못한 정체가 발생했던 것입니다. 이 사례는 디지털 데이터와 인프라의 부족이 AI 추천 시스템의 한계를 초래할 수 있음을 잘 보여줍니다. 결국, AI는 충분한 디지털 데이터가 존재해야 성능을 높일 수 있으며, 데이터는 디지털 기술을 통해 디지털화가 가능하기에 AI와 디지털 기술은 상호 보완적입니다.

AI가 대체할 미래 직업?

폴란드의 사회학자 지그문트 바우만Zygmunt Bauman은 저서 『액체 현대』를 통해 디지털 세상을 사회학적으로 분석합니다. 바우만은 현대사회를 과거의 견고했던 것들이 마치 물처럼 유동적으로 변해 끊임없이 변화하면서 불확실성이 확실해지는 시대로 설명하며, 이를 '액체 현대'라고 표현했습니다. 이는 경계가 사라지고 유동적인 사회라는 의미를 내포하며, 'VUCA'와 일맥상통합니다. VUCA는 냉전 시대 이후 급변하는 사회를 설명하기 위해 20세기 말부터 사용되기 시작한 개념으로, 2000년대에 디지털화가 본격화되면서 사회·경제 분야에서 널리 쓰이고 있습니다. VUCA는 변동성Volatility(빠르게 변화하는), 불확실성Uncertainty(불확실성이 증가하는), 복잡성Complexity(여러 요소가 얽혀 있는), 모호성Ambiguity(명확히 정의되지 않는)을 의미합니다.

이러한 변화무쌍한 세계를 우리는 코로나 팬데믹과 챗GPT의 등장으로 더욱 체감하게 되었습니다. 그 흐름 속에서 디지털 기술은 스마트폰, 인터넷, 사물인터넷IoT, 빅데이터 그리고 이제는 AI로 우리의 일상에 깊숙이 자리 잡고 있으며, 특히 AI는 디지털 세상의 핵심 요소로 자리매김하며 현대 사회의 유동성을 더욱 심화하고 있습니다. AI는 인간과 유사한 사고 및 추론 능력을 겸비하여 힘든 노동을 대신하고 위험을 예측하여 예방하는 등 우리의 삶을 유익하게 만드는 도구로 자리 잡고 있습니다. 그러나 AI가 인간의 통제 밖에 놓이거나 인간의 일자리를 대체하는 '양날의 검'이 될 수 있다는 사실 또한 기억해야 합니다.

교육부와 한국직업능력연구원의 '2024 초중등 진로교육 현황조사 결과 보고서'에 따르면, 초등학생의 희망 직업 1위는 운동선수, 중고등학생은 교사인 것으로 나타났습니다. 지난 3년간 추이를 보면 초등학생의 경우 운동선수와 크리에이터가 꾸준히 상위권을 유지하였고, 중학생의 경우는 교사와 의사, 고등학생은 교사와 간호사가 상위권을 유지하는 것으로 조사되었습니다. 특히, 고등학생의 졸업 후 진로계획 조사에서 대학 진학이 큰 폭으로 감소하고, 취업 비율이 전년 대비 상승했습니다(대학 진학: 77.3%에서 66.5%로 감소, 취업 비율: 7.0%에서 13.3%로 전년 대비 상승). 희망 직업을 선택하는 이유를 '자신이 좋아하는 일이기 때문'이라고 대답하는 비율이 초중고 평균 50%를 차지하는것으로 나타났습니다. 그러나, 중고등학생의 희망 직업에 대한 업무 내용 인지 수준은 절반에 불과했습니다. 이러한 결과는 중고등학생들이 희망하는 직업에 대한 정확한 지식이 부족할 뿐만 아니라, AI가 변화시키는 직업에 대해서도 잘 알지 못한다고 할 수 있습니다.

AI는 디지털 세상에서 중요한 역할을 하며 우리의 삶에 큰 영향을 미칩니다. 『AI, 질문이 직업이 되는 세상』을 출간한 후 중고등학생을 대상으로 미래 진로와 직업 특강을 할 때마다 이런 질문을 받았습니다.

"AI가 대체할 위험이 있는 직업군은 무엇인가요?"

많은 학생이 AI로 인해 어떤 직업들이 사라질 위험에 처했는지를 궁금해했습니다. AI가 단순 반복적인 일뿐만 아니라 고도의 지식을 요구하는 전문직 직업군도 위협하고 있기에 당연히 고민이 될 것입니다. 그러나 학생들은 직업 자체가 위협받기보다는 특정 직무와 역할이 AI에 의해 대체될 수 있다는 시각으로 접근할 필요가 있습니다. 즉, 어떤 직업군의 직무를 AI가 학습할 수 있는 데이터인지, 또 데이터화가 용이한지 파악하고, 디지털화할 수 있는 역할인지 아닌지를 살펴보는 것이 직업의 소멸 위험성과 가능성을 따지기 전에 선행되어야 한다는 것입니다.

예를 들어 2016년 4차 산업혁명에 관한 관심이 높아지던 당시 많은 언론과 전문 기관들은 첨단 기술이 단순하고 반복적인 일을 대체할 것으로 예측했습니다. 이 예측에 따르면 주로 육체노동을 해야 하는 조립 작업이나 반복적인 단순 노동이 AI에 대체될 위험이 크다고 전망했습니다. 그러나 2022년 말 챗GPT의 등장으로 그 예상은 완전히 뒤집어졌습니다. AI가 그림을 그리고, 작곡을 하고, 글도 쓰는 작가의 역할도 하면서 상당수의 직업군을 대체할 가능성을 확인했기 때문입니다.

하이테크 전문가인 마틴 포드Martin Ford는 저서 『로봇의 부상』에서 AI가 단순 반복 작업뿐 아니라 고급 지식노동 영역에도 영향을 미칠 수 있다고 주장했습니다. 소프트웨어 자동화와 예측·추천 알고리즘의 빠른 발전으로 인해 고급 교육을 받은 화이트칼라 직업군조차도 AI의 영향을 피할 수 없다는 것입니다. 실제로 최근에는 고소득 전문 지식 직업군이 AI로 인해 대체될 가능성이 커지고 있다는 국내외 보고서들이 속속 나오고 있습니다. 이에 따라 직장인뿐만 아니라 의사, 변호사 등 고소득 전문직을 꿈꾸던 10대 청소년들 사이에서도 AI 시대에 적합한 진로에 대한 고민이 커지고 있습니

<초중고 학생들의 희망 직업 TOP 10>

(단위:%)

순위	초등학생		중학생		고등학생	
	직업명	비율	직업명	비율	직업명	비율
1	운동선수	12.9	교사	6.8	교사	6.9
2	의사	6.1	운동선수	5.9	간호사	5.8
3	크리에이터	4.8	의사	5.1	군인	2.7
4	교사	4.7	경찰관/수사관	3.3	경찰관/수사관	2.7
5	요리사/조리사	4.1	약사	2.6	CEO/경영자	2.5
6	경찰관/수사관	3.5	간호사	2.5	컴퓨터공학자/소프트웨어 개발자	2.4
7	제과 · 제빵원	3.4	회사원	2.4	생명과학자 및 연구원	2.4
8	가수/성악가	3.2	요리사/조리사	2.4	회사원	2.3
9	법률전문가	3.0	뷰티디자이너	2.4	경영 · 경제 관련 전문직	2.3
10	배우/모델	3.0	군인	2.3	감독/PD	2.3

다. AI는 우리의 일과 생활을 빠르게 변화시키고 있으며, 이러한 변화 속에서 AI가 할 수 없는 역량을 개척하거나 AI를 주도적으로 활용할 수 있는 직무 역량을 키우는 것이 더욱 중요해지고 있습니다.

AI는 디지털화되지 않은 데이터로는 학습이 불가합니다. 데이터를 학습하지 않은 AI는 특정 직무와 역할을 사람을 대신해서 할 수가 없죠. 데이터가 있다고 하더라도 디지털화가 어렵거나 양이 많지 않다면 AI로 대체되는 속도가 더 느릴 것입니다. 그럼 어떤 직무와 역할의 데이터를 디지털화하기 힘들까요?

고소득 전문직이 위험한 이유

왜 4차 산업혁명 열풍이 불었던 2016년에는 예상하지 못했던 고소득 지식 노동자들의 일자리가 더 위험해진 걸까요? 앞서 디지털 기기를 통해 남겨진 흔적은 AI의 학습 재료인 데이터이며, AI는 이 데이터를 학습하여 점점 더 똑똑해질 수 있다고 말했습니다. 이런 점으로 미루어볼 때, 고소득 지식 노동자들이 주로 수행하는 업무는 인터넷과 컴퓨터를 기반으로 이루어져 이미 디지털화된 데이터로 저장되어 있거나, 디지털화가 용이하기 때문에 인공지능이 빠르게 학습할 수가 있습니다. 반면에 사람과의 소통과 감성 관리가 중요한 직업군들은 다양성과 변동성이 크고, 직무와 역할을 디지털화하기 어려운 특성을 가지고 있습니다. 따라서, 데이터의 디지털화가 AI 성능의 핵심 요소임을 고려할 때 인간의 감성과 교감을 바탕으로 하는 케어 서비스나 소통 중심의 직업군이 디지털 전환의 속도가 느린 덕분에 AI로 대체될 위험을 피하고 상대적으로 오래 유지될 가능성이 큽니다.

고소득 전문직을 대체할 가능성이 점점 높아지는 AI의 성능은 크게 세 가지로 나눌 수 있습니다. 첫 번째는 좁은 의미의 AI Narrow AI로, 특정한 작업에 특화된 인공지능을 말합니다. 현재 우리가 일상에서 사용하는 대부분의 AI가 이 범주에 속하며, 음성 인식, 이미지 분석 등 제한된 기능에서 뛰어난 성능을 발휘합니다.

두 번째는 인공 일반 지능 AGI, Artificial General Intelligence 입니다. AGI는 특정 작업에 한정되지 않고, 인간처럼 다양한 작업을 수행할 수 있는 지능을 가진 AI를 의미합니다. AGI는 여러 복합적인 과제를 유연하게 처리할 수 있는 능력을 갖추고 있어 인간과 매우 유사한 인지 능력을 가진 AI에 해당됩니다.

마지막은 초지능 AI ASI, Artificial Super Intelligence 로, 인간 지능을 뛰어넘어 스스로 학습하고 발전할 수 있습니다. 아직 도달하지 못한 미래의 단계로 예측되지만, 이는 AI가 모든 분야에서 인간보다 뛰어난 능력을 발휘할 수 있는 상태를 의미합니다. AGI와 ASI를 구분하지 않고 하나의 개념으로 통칭하기도 합니다.

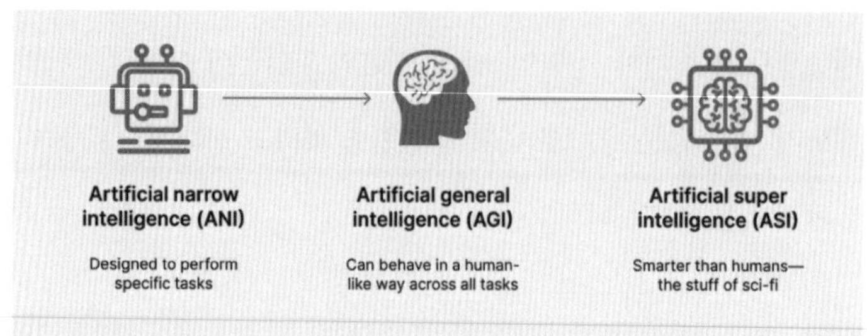

성능에 따른 AI 분류

그럼 인공지능은 현재 어느 단계에 와 있을까요? 2024년 5월에 발표한 정보통신기획평가원의 보고서에 따르면 인공지능의 레벨을 0에서 5까지 나눌 경우, 현재 AGI의 레벨은 1단계(유망- 비숙련 성인과 같거나 약간 더 나은 성능)까지 와 있다고 발표했습니다.

이는 2023년 11월에 발표된 논문 「Levels of AGI for Operationalizing Progress on the Path to AGI」에 근거했습니다. 1년이 지난 2024년 12월을 기점으로 괄목할 만한 AI의 추론 능력의 발전과 AI 에이전트가 베타용으로 출시되면서 챗GPT o1 프로와 클로드 3.5 소넷 등은 레벨 2단계(유능- 숙련된 성인의 상위 50%)까지 진입했을 것으로 여겨집니다.

그러나 지금까지의 생성형 AI의 빠른 발전을 보면 특정 분야에

<AI의 용도별 레벨 분류>

레벨		용도	
		협의(Narrow)	일반(General)
Level 0 (No AI)	**· AI 미진입** · AI가 없는 상태, 단순 연산 능력	· 계산기 SW, 컴파일러(Compiler)	· 사람 참여형 (Human in the loop computing) 예: 아마존 메카니컬 터크
Level 1 (Emerging)	**· 유망** · 비숙련 성인과 같거나 약간 더 나은 성능	· 고파이(GOFAI) 등 간단한 규칙 기반 시스템, SHRDLU(자연어처리 시스템) 등	· 챗GPT 4, 바드, 라마2
Level 2 (Competent)	**· 유능** · 숙련된 성인의 상위 50% 이상	· 시리, 알렉사, 구글 어시스턴트와 같은 스마트 스피커 · PaLI, 왓슨(IBM) 같은 VQA 시스템 · 작업의 하위 집합(짧은 에세이 작성, 간단한 코딩)을 위한 SOTA LLMs	· 챗GPT o1 PRO, 클로드 3.5소넷
Level 3 (Expert)	**· 전문가** · 숙련된 성인의 상위 10% 성능	· 철자의 맞춤법 및 문법 검사기 · Imagen3 또는 Dall-E3와 같은 생성 이미지 모델	· 아직 없음
Level 4 (Virtuoso)	**· 거장** · 숙련된 성인의 상위 1% 성능	· 딥블루, 알파고	· 아직 없음
Level 5 (Superhuman)	**· 슈퍼휴먼** · 인간의 100%를 능가하는 성능	· 알파폴드(단백질 생성 AI), 알파제로(알파고 후속모델), 스톡피시(오픈소스 체스 프로그램)	· 아직 없음

서는 이미 AGI가 레벨 2~3단계에 근접한 성능을 보여 주고 있다고 평가하기도 합니다. 2024년 2월, 오픈AI가 텍스트 기반으로 영상을 생성할 수 있는 'Sora(소라)'를 공개하며 AGI에 가까워졌는지에 대한 논란이 일기도 했습니다. 이어 같은 해 5월에는 GPT-4o를 출시하여 AI가 사람의 목소리에서 감정을 이해할 수 있도록 했으며, 9월에는 오픈AI가 o1 프리뷰와 o1 미니를 출시하며 수학과 과학 분야에서 박사급의 고도화된 추론 능력을 선보였습니다.

여기에 더하여, 2024년 12월엔 Sora가 처음으로 공개된 지 10개월 만에 공식 출시되었습니다. 대규모 사용자들의 접속으로 인해 한동안 홈페이지가 다운이 되고 챗GPT도 접속이 되지 않는 상황이 발생했습니다(소라는 유료 버전인 챗GPT 플러스와 프로 사용자들만 가능합니다).

Sora를 이용해 저자가 생성한 영상 중 일부

또한 2025년 초에 출시 예정인 챗GPT o3이 등장하면 AGI 시대에 한 걸음 더 다가설 것이라는 전망이 나오고 있습니다. 이뿐만이 아닙니다. 챗GPT와 생성형 AI를 주도하고 있는 앤트로픽의 클로드AI는 2024년 10월 전격적으로 AGI의 프로토타입인 'AI 에이전트[2]'를 발표했습니다. 즉, 영화 아이언맨의 자비스처럼, AI 에이전트는 인간의 니즈를 파악하여 여행 일정이나 자동차 수리 요청 같은 것을 실제로 처리한 후 인간에게 사후 보고를 하는 만능비서의 모습을 보여줍니다. 또한 2025년 상반기에 출시될 것으로 예상하는 GPT-5 ARRAKIS가 등장하면 본격적인 AGI 시대에 접어들 것이라는 예측도 나오고 있습니다. 이처럼 AI의 급속한 발전은 청소년들이 미래 변화를 철저히 준비하지 않으면 여러 가지 어려움에 직면할 수 있다는 사실을 알려주고 있습니다.

2008년 미래학자 레이 커즈와일Ray Kurzweil과 함께 '싱귤래러티Singularity(기계가 인간을 넘어서는 특이점) 대학'을 설립한 피터 디아만디스Peter H. Diamandis는 저서 『컨버전스 2030』에서 오늘날의 빠른 기술 변화와 속도를 강조했습니다. 불과 20년 전만 해도 상상하기 어려웠던, 인구의 95%가 스마트폰을 사용하고 자율주행차 상용화에

2 AI 에이전트(AI Agents)는 사람의 명령이나 데이터 입력 없이 스스로 의사결정을 내리고 행동할 수 있는 자율적인 AI 시스템을 의미한다. '에이전틱 AI'라고도 불린다.

도전하는 세상이 그 예입니다. 이러한 변화의 배경에는 컨버전스Convergence, 즉 다양한 기술이 융합되어 새로운 혁신을 이뤄내는 과정이 있었습니다. 여기서 말하는 컨버전스는 단순한 기술 발전이 아닌, 서로 다른 기술들이 결합해 새로운 가치를 창출하는 과정을 의미합니다.

예를 들어 AI, 빅데이터, 사물인터넷이 서로 결합되어 스마트홈, 자율주행차, 맞춤형 의료 서비스 등으로 확대되면서 인간의 삶의 가치를 높이는 방향으로 발전하고 있습니다. 인공지능을 포함한 디지털 기술들은 궁극적으로 인간의 삶을 윤택하게 하는 데 기초를 두고 있습니다. 디지털은 AI를 포함한 다양한 기술을 아우르는 광범위한 세계로, 청소년들이 초중고 시절을 잘 활용해 AI에 대한 이해와 활용 능력을 기르고, 다양한 정보를 융합하며 자신만의 독창적인 영역을 개발한다면 다가올 '특이점'이라는 싱귤래러티 시대에 주인공이 될 수 있을 것입니다.

3

데이터를 먹고 사는 AI

아이가 성장하면서 더 많은 것을 보고 듣고 경험하며 뇌 신경망이 발달하듯이 AI는 다양한 데이터를 학습할수록 더 정확하고 뛰어난 성능을 발휘하게 됩니다. 데이터는 인공지능의 주식이자 필수 '영양소'로, AI는 데이터를 먹고 산다고 표현할 수 있습니다.

그렇다면 텍스트 기반 생성형 AI, 즉 챗GPT와 같은 대규모 언어 모델LLM, Large Language Model은 텍스트 데이터를 어디에서 얻었을까요? 그 답은 바로 인터넷과 플랫폼 기업에 있습니다.

인터넷은 컴퓨터로 서로 소통하고, 문서를 주고받으며, 전화를 걸 수 있는 디지털 세상을 열어 주었습니다. 여기에 플랫폼 기업들은 사람들이 온라인에서 직접 참여하고 소통하며 데이터를 자유롭게 남길 수 있는 장을 마련했습니다. 예를 들어, 소셜 네트워크 서비스SNS에서는 사람들이 글을 쓰고, 사진과 영상을 공유하며, 엄청난 양의 데이터를 만들어 냈습니다.

그뿐만 아니라 책, 신문, 잡지, 논문, 보고서 등 전통적인 아날로그 자료들도 전자책, 인터넷 신문, 온라인 잡지, 전자 논문 등으로 디지털 파일화되어 인터넷에 축적되었습니다. 이러한 대규모의 디지털 텍스트 데이터, 즉 언어 빅데이터가 형성되면서 인공지능이 학습할 수 있는 기반이 마련된 것입니다. 챗GPT 같은 생성형 AI는 바로 이와 같은 방대한 양의 디지털 텍스트 데이터 덕분에 탄생할 수 있었습니다.

챗GPT, 클로드, 구글의 제미나이, 네이버의 클로바 X를 활용해 보면 같은 질문에도 답변에 차이가 있음을 알 수 있습니다. 이러한 차이는 각각의 모델의 성능과 함께 각 AI가 얼마나 다양한 양질의 데이터를 학습했는지에 따라 달라집니다.

2018년 아마존에서는 채용을 돕는 AI를 개발하다가 프로젝트를 중단한 일이 있었습니다. 이 AI는 '여성'이라는 단어가 포함되기만 해도 자동으로 감점 처리하는 결과를 보였습니다. 이는 주로 남성 위주의 이력서를 학습한 데서 비롯된 문제였습니다. 아마존의 대부분 직원이 남성이었기에 인공지능이 남성에게 편중된 데이터를 학습한 결과, 여성과 관련된 정보를 부정적으로 평가하는 편향이 생긴 것입니다.

이러한 데이터 편향성에 따른 AI 문제는 해외에서만 일어나는 일이 아닙니다. 챗GPT가 출시되기 2년 전, 국내 모 챗봇 서비스에서도 여성 비하와 인종 혐오 발언이 사회적 문제로 떠오른 적이 있었습니다. 이는 편향된 데이터를 정제하지 않고 학습하여 나타난 문제였습니다. AI의 신뢰성을 높이기 위해서는 편향성을 제거하고 데이터 정제 작업이 필수라는 것을 보여 주는 사례입니다.

AI의 핵심 자산인 데이터는 편향성 없는 양질의 데이터로 학습되어야만 우리를 돕는 유용한 도구로써 그 가치를 발휘할 수 있습니다. 이러한 양질의 데이터 확보의 중요성이 부각되면서, 최근 오픈AI를 비롯한 기업들이 미디어 기업들과 학습 데이터 계약을 잇달아 체결하고 있습니다. 소셜 미디어 플랫폼 레딧Reddit Inc.은 연간 800억 원 규모의 훈련 데이터를 제공하고 있으며, 오픈AI는《월스트리트 저널》과 3,400억 원 규모의 뉴스 데이터 계약을 맺었습니다. 애플 또한 AI 학습용 데이터 확보에만 수천억 원을 투자하겠다고 발표했습니다.

양질의 데이터가 필요해

그렇다면 양질의 데이터란 무엇을 의미할까요? 양질의 데이터는 사용자의 목적에 부합하면서 정확성과 신뢰성을 갖춘 데이터를 말합니다. 또한 특정 문제 해결이나 의사결정 과정에서 실질적인 도움이 되는 데이터를 의미합니다. 이러한 맥락에서 양질의 데이터로 보기 어려운 경우를 살펴보면 다음과 같습니다.

1) 본질을 벗어난 의미 없는 데이터

2020년 코로나19로 인해 전 국민에게 재난기본소득이 지급된 적이 있습니다. 당시 정부는 코로나로 인한 어려운 경제 상황을 극복하기 위해 재난기본소득을 지급했으며, 이를 통해 소비를 활성화하고 수집된 소비 데이터를 향후 정책 수립에 활용할 수 있을 것으로 기대했습니다.

하지만 예상과는 다른 현상이 발생했습니다. 많은 사람이 재난기본소득을 한우와 같은 고가의 음식을 구매하는 데 사용했기 때문입니다. 이는 '무상으로 받은 돈이니 평소에 하지 못했던 특별한 소비를 해 보자'는 심리가 작용한 것으로 보입니다.

이러한 평소와는 다른 일시적인 소비 데이터는 장기적인 관점에서 의미 있는 데이터로 활용되기 어렵습니다. 특수한 상황에서 발생한 특수한 행동이기 때문입니다. 따라서 이렇게 수집된 데이터는 국민들의 실제 소비 습관을 분석하는 데 필요한 양질의 데이터로 보기 어렵습니다.

2) 다양성을 배제한 복제된 데이터

물건의 소유와 데이터의 특성을 비교하여 설명해 보겠습니다. A라는 친구가 문구점에서 예쁜 볼펜을 구매하면 그 볼펜은 A만의 소유물이 되어 다른 사람은 사용할 수 없습니다. 이러한 특성을 '경합성'이라고 하며, '한 사람이 재화나 자원을 사용하면 다른 사람은 그것을 사용할 수 없는 것'을 의미합니다.

반면 데이터는 '비경합성'이라는 특성이 있습니다. '비경합성'이란 경합성과 반대로, '한 사람이 어떤 재화나 서비스를 사용하더라도 다른 사람의 동시 사용이 제한되지 않는 것'을 말합니다. 즉, A가 사용하더라도 B가 동일하게 사용할 수 있습니다. 특정인이 인터넷에서 논문을 다운로드받아 읽고 있더라도, 다른 사람들 역시 같은 논문을 다운로드받아 동시에 읽을 수 있습니다. 이처럼 데이터는 복제가 가능하여 누구나 사용이 가능하고 소모되지 않는다는 특성이 있습니다.

구체적인 예시를 들어 보겠습니다. 맛집에서 찍은 피자 사진을 10명이 있는 단톡방에 공유했다고 가정해 보겠습니다. 찍은 사진은 한 장이지만, 단톡방의 10명이 모두 그 사진을 다운로드하면 동일한 사진이 총 11장이 됩니다. 이후 이 친구들이 각각 10명이 있는 단톡방에 사진을 공유하고, 그 방의 모든 사람이 다운로드하면 추가로 100장이 복제되어 총 111장이 됩니다. 만약 이 과정이 한 번 더 반복되어 그 100명이 각각 10명이 있는 단톡방에 공유한다면, 단시간 내에 같은 사진이 1,111장으로 늘어나게 됩니다.

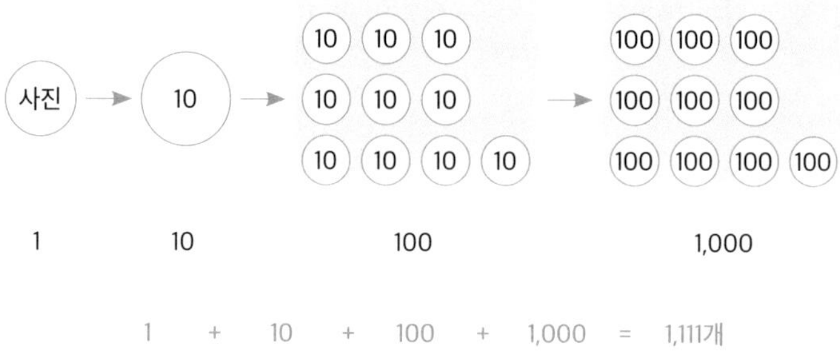

동일 데이터의 복제 과정

이처럼 복제된 동일한 데이터를 AI의 빅데이터 학습에 활용한다면, 과연 이를 양질의 데이터로 볼 수 있을까요? AI 학습에 사용되는 데이터는 다양성을 확보하면서도 편향되지 않아야 한다는 점이 매우 중요합니다. 그러나 복제된 데이터는 데이터의 다양성을 감소시킬 뿐만 아니라, 특성 패턴이나 편향을 강화할 위험이 있습니다. 이는 결과적으로 AI 모델의 성능을 저하시키고 편향된 결과를 도출할 가능성이 큽니다.

더불어 이렇게 무분별하게 복제된 데이터는 원본의 출처와 맥락을 희석시켜 어떤 용도로 활용될지 예측하기 어렵습니다. 이러한 특성은 데이터의 신뢰성을 낮추며, 결과적으로 데이터로서의 가치 역시 하락하게 됩니다.

3) 인공지능이 생성한 데이터를 학습해 생성된 데이터

AI가 생성한 데이터를 AI가 학습하고, 다시 AI가 생성한 데이터와 AI가 제작한 콘텐츠만을 학습한다면 어떤 결과가 나타날까요? 2024년 7월에 발표된 보고서 '생성된 데이터를 반복적으로 학습한 AI 모델은 붕괴한다AI models collapse when trained on recursively generated data'는 AI가 생성한 데이터로만 학습한 모델의 성능이 현저하게 저하된다는 점을 강조합니다. 보고서에 따르면, 이러한 과정에서 점점 더 많은 저품질의 데이터와 오류가 복합적으로 발생하여 결국 AI 시스템의 신뢰성이 크게 손상된다고 했습니다. 실제로 AI가 생성한 데이터로 학습을 진행할수록 AI는 점차 일관성 없는 결과를 보였으며, 결국에는 시스템이 붕괴되는 현상이 발생했다고 합니다.

개 이미지를 생성하는 AI를 예시로 설명해 보겠습니다. AI가 골든 리트리버, 불독 등 다양한 종류의 개 이미지를 학습하는 상황에서 만약 골든 리트리버 이미지 데이터가 다른 견종에 비해 압도적

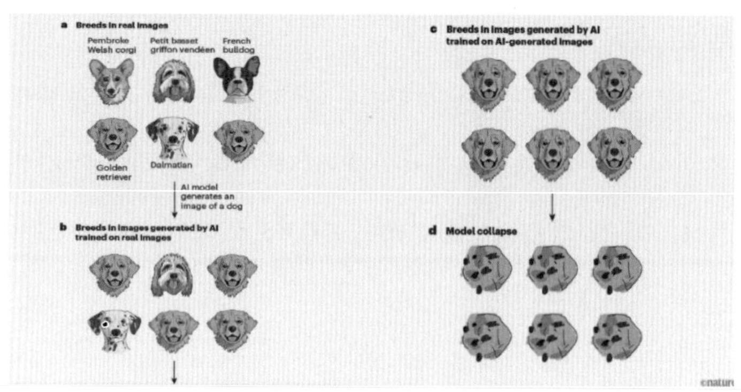

AI가 생성한 데이터로만 반복 학습한 인공지능의 결과

으로 많다면, AI는 골든 리트리버에 대한 학습이 과도하게 이루어질 것입니다. 이러한 학습이 반복되면 AI는 '개' 하면 오직 '골든 리트리버'만을 떠올리는 편향된 인식을 갖게 됩니다.

더욱 심각한 문제는 여기서 그치지 않습니다. AI가 생성한 이미지를 학습한 AI는 결과적으로 골든 리트리버조차 제대로 표현하지 못하고 이상한 이미지를 생성하게 됩니다. AI가 생성하는 이미지들은 대부분 100% 완벽하지 않고 어딘가 부자연스러운 특징이 있기 마련입니다. 이렇게 완벽하지 못한 이미지를 반복적으로 학습하다 보면, 오류가 점점 누적되어 결국 AI 시스템이 붕괴되는 결과가 나타나는 것입니다.

UC버클리의 컴퓨터 과학자 하니 파리드는 《네이처》와의 인터

저자가 AI로 그린 푸바오
완벽해 보이지만 꼬리가 검고 손가락과 발가락의 개수가 엉성하다

뷰에서 이러한 과정을 종種의 근친교배에 비유했습니다. 유전자풀을 다양화하지 않은 근친교배가 종의 붕괴로 이어지는 것처럼, AI 역시 양질의 다양한 데이터가 필요하다는 점을 강조했습니다. AI가 생성한 데이터만으로는 인간의 편익을 위한 AI 성능을 지속해서 유지할 수 없다는 것입니다. 즉, AI가 인간을 대체할 가능성을 가지고 있다 하더라도, 인간의 실제 삶과 생산적 활동을 통한 진정성 있는 데이터 생성이 없다면 AI는 결국 붕괴하게 됩니다. 이는 AI에도 인간이 필요하고, 인간에게도 AI가 필요한 상호 보완적 관계임을 잘 보여 줍니다.

이러한 이유로 디지털 세상을 주도하는 테크 기업들은 다양한 양질의 데이터를 확보하기 위해 모든 사람이 데이터의 생산자이자 소비자인 프로슈머Prosumer가 되도록 적극 장려하고 있습니다. 플랫폼 기업이 제공하는 서비스의 이용자는 소비자가 되기도 하고, 데이터를 생성하는 생산자가 되기도 하며, 나아가 공유와 배포를 담당하는 유통자의 역할도 수행할 수 있습니다. 예를 들어 다른 사람의 영상을 시청할 때는 소비자가 되지만, 그 영상에 '좋아요'를 누르거나 댓글을 달면 새로운 데이터를 만드는 생산자가 됩니다. 또한 유튜브 크리에이터나 인스타그램, 블로그 활동을 통해 텍스트, 사진, 영상 등을 업로드하는 것도 데이터 생산자이며, 이를 친구들과 공유함으로써 유통자의 역할도 하게 됩니다.

결과적으로 디지털 세상에서 우리는 정보를 활용하는 동시에 정보를 생산하고 배포하는 다중적 역할을 수행하게 됩니다.

나의 데이터는 얼마일까?

디지털 생활을 통해 생산된 데이터를 '원시 데이터Raw Data'라고 합니다. 이 데이터는 무형의 자산이면서도 복제가 가능하다는 특성이 있는 디지털 자산입니다. 데이터는 플랫폼 기업들의 마케팅 전략 수립에 활용되어 새로운 맞춤 서비스를 제공하고 더 많은 광고를 보도록 독려하는 데 활용하게 됩니다. 플랫폼 기업은 나의 데이터를 수집해 가공과 분석이라는 과정을 통해 부가가치를 창출합니다(데이터 가치 사슬Data Value Chain: 원시 데이터를 수집하고 가공, 분석하여 부가가치를 창출하는 과정을 말한다).

그렇다면 내가 생산한 나의 데이터에 대한 부가가치는 어디에 있을까요? 나의 데이터에 대해 그 가치를 인정받고 보상을 받을 수 있을까요? 2020년 2월 경기도에서 지역화폐를 사용하는 사용자의 데이터를 수집하고 연구소와 기업에 판매해 얻은 수익을 지역화폐 사용자들에게 나누어 준 적이 있습니다. 이것이 세계 최초로 시행된 데이터 배당Data Dividend입니다. 데이터 배당은 개인의 데이터를 활용하여 수익을 창출한 기업이 일정한 비율의 부가가치를 개인에게 배당의 형태로 환원시키는 시스템을 말합니다. 즉, 개인이 생산한 데이터에 대한 가치를 인정하고 그에 따른 보상을 제공하는 제도입니다.

해외 사례를 살펴보면, 2019년 미국 캘리포니아주의 개빈 뉴섬Gavin Newsom주지사가 데이터 배당제 도입을 주장했습니다. 캘리포니아주에서 성장한 구글, 페이스북(현 메타) 등 IT 기업들이 소비자들의 개인정보를 활용해 수익을 창출한 만큼 소비자들에게 그에 상응하는 대가를 지불해야 한다는 논리였습니다.

2020년에는 미국의 기업가이자 정치인인 앤드루 양Andrew Yang이 민주당 대통령 선거 캠페인에서 데이터 배당에 대한 개념을 공개했습니다. 그는 개인의 데이터 주권을 강조하며, 개인이 생산한 데이터로 수익을 창출한 기업들이 적절한 이익을 돌려줘야 한다고 주장했습니다. 또한 현대 경제에서 우리의 데이터가 큰 가치를 지니고 있음에도 불구하고, 개인들이 그에 상응하는 충분한 혜택을 받지 못하고 있다고 지적했습니다.

예를 들어 스마트 워치를 통해 수집된 건강 데이터를 의료 연구에 활용하도록 동의하고, 그 데이터를 통해 의료 AI의 성능이 향상되었다면 개인의 데이터가 그 성능 향상에 기여했다고 보는 것입니다. 데이터 배당의 분배 방법으로는 기여도에 따른 분배, 공동 자산 개념의 보편적 배당 등 다양한 형태가 논의되고 있지만, 아직 구체적인 배당 방안은 확립되지 않은 상태입니다.

데이터 배당을 받을 수 있는 대상을 어떻게 선정할 것인가에 대한 중요한 논점도 있습니다. 데이터 배당은 모든 사람에게 균등하게 지급되는 보편적 기본소득Universal Basic Income과는 완전히 다른 개념임을 분명히 해야 합니다. 단순히 데이터를 생산했다는 이유만으로 균등한 배당을 제공하는 것이 아니라, 부가가치 창출에 실질적으로 도움을 준 사람에게만 적용되어야 합니다. 이러한 방식은 데이터 경제의 효율성과 공정성을 높이고, 가치 있는 데이터 생산을 장려하는 데 기여할 수 있기 때문입니다.

특히 최근 가장 심각한 문제로 대두되는 허위 정보나 거짓 정보, 가짜 뉴스와 같은 데이터를 생산한 개인은 반드시 배당 대상에서 제외되어야 합니다. 이러한 유해 데이터는 AI의 성능을 고도화하기는커녕 오히려 저해하고 사회적 문제를 초래하는 주요 원인이 될 뿐만 아니라 데이터 경제 전반을 혼란에 빠뜨릴 수 있기 때문입니다.

따라서 AI가 주도할 미래 사회에서 논의될 데이터 배당 정책은 데이터의 질적 수준과 사회적 영향력까지 고려하여 신중하게 설계되어야 합니다. 특히 AI 디지털 교과서에 참여하는 학생들을 포함한 모든 사회 구성원에게 가치 있는 데이터가 곧 국가의 경쟁력임을 인식시키고, 자신의 데이터에 대한 권리 주장과 보호, 올바른 활용을 위한 데이터 리터러시 교육이 이루어져야만 이 제도가 국가적인 거버넌스로 자리 잡을 수 있을 것입니다.

하지만 해결해야 할 중요한 과제가 남아 있습니다. 디지털 자산인 데이터는 그 소유권을 명확히 규정하기가 매우 어렵습니다. 앞서 언급했듯이 데이터는 쉽게 복제할 수 있어 동일한 데이터가 다수 존재할 수 있는데, 이런 상황에서 원본 데이터의 소유자를 어떻게 특정할 수 있을까요?

이에 대한 해결책으로 NFTNon-Fungible Token[3]와 같은 블록체인 기술이나 양자 컴퓨팅 기술의 활용을 고려해 볼 수 있습니다. 이러한 기술들을 통해 데이터의 소유권과 거래 내역을 안전하게 관리할 수 있으며, 각자의 데이터 권리를 더욱 확실히 보호하고 모든 거래의 흔적을 명확하게 추적할 수 있게 됩니다.

이러한 데이터 배당 정책은 장기적으로 개인부터 사회, 기업, 국가가 함께 합의점을 찾게 된다면 투명한 데이터 생산활동을 독려하는 하나의 제도가 될 수 있을 것입니다. 개인의 데이터가 사회 전체의 발전에 기여하면서도 개인 역시 그 가치를 인정받을 수 있는 방향으로 나아가는 촉매제가 될 것으로 예상합니다.

건전한 데이터 경제를 활성화하기 위해서는 여러분과 같은 청소년들의 올바른 데이터 생산 활동이 필수적입니다. 따라서 여러분은 데이터 및 AI 리터러시 교육에 적극적으로 참여하여 올바른 데이터 생산의 가치를 이해해야 합니다. AI 시대를 살아가는 여러분의 적극적이면서도 건전한 데이터 생산 활동이 곧 데이터 주권과

3 NFT(Non-Fungible Token)는 블록체인 기술을 활용해 디지털 자산의 소유권을 증명하는 디지털 토큰 즉, 대체 불가능 토큰이다. 그림이나 영상 같은 디지털 자산의 원본성과 소유권을 확인할 수 있는 가상 인증서 역할을 한다.

데이터의 진실성을 지키는 길입니다. 윤리적인 데이터 관리 능력을 배양하여 미래 사회에서 다양한 부가가치 기회를 창출하고, 혁신을 이끄는 주역이 되길 기대합니다.

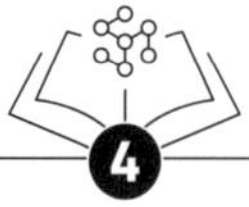

AI가 나보다 나를 더 잘 안다고?

점심으로 짜장면과 짬뽕 중 무엇을 선택할지 고민하는 사람들에게 짜장면은 종종 기본 선택지가 되곤 합니다. 특히 짜장면은 그 음식점의 요리 실력을 가늠할 수 있는 대표 메뉴로 여겨지며, 간짜장이 아닌 일반 짜장면을 선택하는 것이 맛을 평가하는 데 더 적합하다는 의견도 많습니다. 이렇게 명확한 기준이 있는 사람들은 쉽게 결정을 내리지만, 선택에 어려움을 겪는 사람들, 이른바 선택 장애 성향이 있는 이들에게는 결코 간단한 문제가 아닙니다.

이처럼, 우리는 메뉴의 여러 선택지 앞에서 갈등하는 상황을 맞이할 수 있습니다. 이럴 때 각 개인의 성향을 분석해 선택을 도와줄 AI가 있다면 어떨까요? 실제로 AI는 사용자들의 취향을 학습해 개인 맞춤형 추천을 제공하는 데 점점 능숙해지고 있습니다.

현재 AI 추천 시스템은 음악, 쇼핑 등 다양한 분야에서 활용됩니다. 음악 스트리밍 서비스에서는 사용자 취향에 맞는 곡을 추천하고, 온라인 쇼핑몰에서는 검색 기록, 장바구니 내역, 구매 이력 등을 바탕으로 필요한 상품을 제안합니다. 예를 들어 검색만 하고 구매는 미뤄둔 운동화를 AI가 기억해 두었다가 다음에 로그인할 때 할인 정보를 보여 주거나 유사한 스타일의 다른 운동화를 추천하는 식입니다. 이처럼 AI의 추천 알고리즘은 잊어버린 사용자의 기억을 되살려 주는 역할을 하며, 점점 더 친숙한 일상 속 도우미로 자리 잡고 있습니다.

구매 이력은 AI에 새로운 정보를 제공하는 좋은 기회가 됩니다. AI는 이를 바탕으로 비슷한 스타일의 패션 아이템이나 어울릴 만한 액세서리를 추천해 줄 수 있는데, 이를 통해 사용자는 "이런 스타일도 나에게 잘 어울리네!"라며 새로운 패션을 발견하게 됩니다. 이처럼 AI는 사용자가 미처 알지 못한 숨겨진 취향을 찾아 주기도 합니다.

또한 AI는 사용자의 검색 키워드를 분석해 현재 상황을 파악하고, 이에 맞는 유용한 정보를 추천할 수도 있습니다. 예를 들어 수학 문제 풀이 방법을 자주 검색하고 관련 동영상 강의를 시청한다면, AI는 사용자가 수학 공부에 집중하고 있거나 시험 준비 중이라는 사실을 추측해 수학 문제집 광고나 교육용 앱을 추천합니다. 이렇게 AI 추천 알고리즘은 각 개인의 관심사와 필요를 예측해 미래의 소비 욕구까지 반영해 줍니다.

개인의 정보는 디지털 세상에 노출되어 데이터를 생산하는 주체가 되고, 생성된 데이터는 AI의 학습 자원으로 활용됩니다. AI는 이를 분석해 개인 맞춤형 추천을 제공하며, 이러한 과정은 사이클로 이어집니다. 이런 연결고리 안에서 AI의 분석과 추천에 지나치게

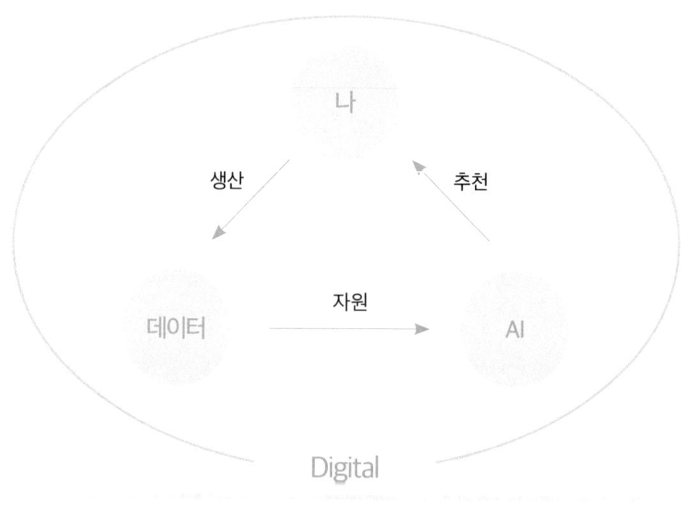

나와 연계된 디지털, AI, 데이터의 사이클

의존하다 보면, 자신도 모르게 AI가 알려 주는 정보만 믿고 따르게 되어 스스로 생각하고 판단하는 능력이 저하될 위험이 있습니다. 이는 AI의 정보가 모두 정확하다고 믿는 함정에 빠질 가능성을 의미합니다.

실제로 챗GPT 사용 중에 사실과 다른 내용을 사실인 것처럼 전달하는 '할루시네이션Hallucination' 현상이나 과거 정보를 최신 정보인 양 설명하는 경우가 있습니다. 이와 같은 사례는 AI가 편리한 도구이지만, 동시에 잘못된 방식으로 사용하면 사용자를 통제하는 도구로 작용할 수 있음을 일깨워 줍니다.

2024년 9월, 개인정보 보호와 관련하여 개인정보보호위원회(개보위)는 불법 유통된 개인정보 게시물 삭제를 IT 기업들에 요청하였습니다. 네이버에서는 2023년에 2만여 건, 2024년 8월까지 1만 2천여 건의 개인정보 유통 게시물의 삭제 요청을 받았고, 10대들이 주로 사용하는 엑스(X, 구 트위터)에서도 2023년에는 약 2만 2천여 건의 삭제 요청이 이루어졌으며, 이는 2020년의 6천여 건 대비 세 배 이상 증가한 수치입니다. 불법 유통된 개인정보는 개인의 자유를 침해하거나, 행동을 감시하고 통제하는 데 악용될 수 있는 위험성을 내포하고 있습니다. 이는 AI가 주도하는 디지털 세상을 살아갈 청소년들에게 특히 큰 과제로 남아 있으며, AI의 그럴듯한 정보 뒤에 숨겨진 위험성을 명확하게 구분할 수 있는 비판적 사고가 요구됩니다.

이러한 과제를 해결하기 위해 개인정보 보호의 중요성을 인식하고 비판적 사고를 기르려는 노력이 필요합니다. 또한 AI 기술이 윤리적이고 책임감 있게 사용되도록 관심을 갖고 적극적으로 노력한다면, 우리는 AI와 함께 슬기롭고 주체적인 삶을 살아갈 수 있을 것입니다.

5

AI 윤리가 진정한 경쟁력

달리는 기차 앞에 두 갈래의 철로가 놓여 있습니다. 한쪽 철로에는 인부 5명이, 다른 한쪽 철로에는 인부 1명이 서 있습니다. 기차는 현재 5명이 있는 철로를 향해 달리고 있으며, 그대로 진행하면 5명이 목숨을 잃게 됩니다. 그러나 레버를 오른쪽으로 돌리면 기차는 1명이 서 있는 철로로 방향을 바꾸고, 이로써 5명은 목숨을 건지지만 1명이 희생됩니다. 이 상황에서 여러분은 어떤 결정을 내릴 것인가요?

이는 마이클 샌델의 저서 『정의란 무엇인가』에 등장하는 '트롤리 딜레마Trolley Dilemma'로, 윤리에 대해 깊은 고찰을 하게 만드는 고전적 주제입니다. 대다수는 더 많은 생명을 구하기 위해 레버를 돌리는 선택을 합니다. 이는 다수의 행복과 이익을 중시하는 공리주의적 관점에서 도덕적 결정이 이루어진 경우입니다.

그러나 상황이 달라지면 결정을 내리기 더욱 어려워집니다. 예를 들어 이번에는 5명 중 1명이 덩치가 커서 그를 밀어서 기차를 멈출 수 있다고 가정한다면, 어떻게 하겠습니까? 이 경우 대부분 사람은 반대 의견을 냅니다. 의도적으로 타인을 밀어 희생시키는 행위가 살인이라는 도덕적 부담을 크게 불러일으키기 때문입니다.

상황을 또 한 번 바꿔 보겠습니다. 이번에는 5명이 모두 낯선 사람이고, 1명이 가족일 경우 어떤 선택을 할까요?

윤리는 이처럼 처한 상황과 개인의 윤리적 신념에 따라 상반된 선택을 끌어내는 복잡한 특성을 가지고 있습니다. 단칼에 결정할 수 없는 이유이기도 합니다.

이제 이 철로 딜레마를 AI가 결정해야 하는 상황으로 옮겨 보겠습니다. AI가 장착된 무인 자율주행차가 사람 대신 이 선택을 내려야 한다면, 과연 AI는 인간의 생명을 놓고 윤리적 고뇌를 거칠까요?

자율주행차의 윤리적 딜레마

프랑스 툴루즈 경제대학의 장 프랑수아 보네퐁Jean-François Bonnefon 교수는 MIT 연구진과 함께 AI가 제어하는 자율주행차의 딜레마(AV

딜레마Autonomous Vehicles Dilemma)에 대해 연구했습니다. 자율주행차의 AI가 임박하고 피할 수 없는 희생을 수반하는 상황에 어떤 결정을 내릴 수 있는지에 관한 연구입니다. 아래의 그림을 살펴보면, A의 경우는 건널목을 지나던 8명의 보행자가 희생되는 상황과 방향을 틀어 지나가던 1명이 희생되는 상황, B의 경우는 1명이 희생되는 것과 방향을 바꿔 탑승자가 희생되는 상황, C의 경우는 8명이 희생되는 것과 방향을 바꿔 탑승자가 희생되는 상황에 직면한 경우입니다. 이처럼 윤리적 딜레마는 AI에도 큰 도전 과제이며, AI가 가져야 할 윤리적 기준과 그 한계를 되돌아보게 하는 중요한 질문을 던집니다.

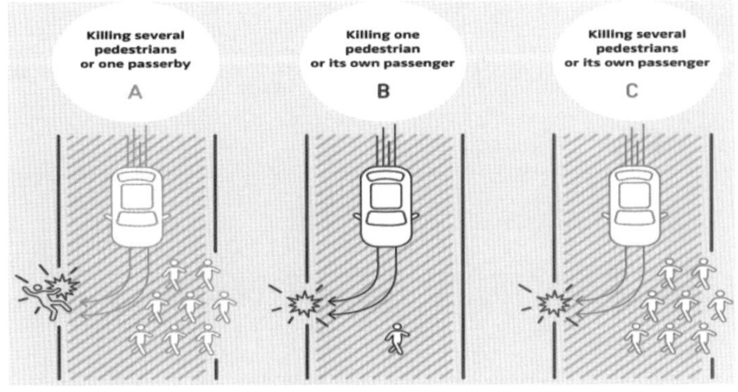

자율주행차의 윤리적 딜레마(Ethical Dilemmas with Self-Driving Cars)

위 사례는 AI 개발에서 인간 사회에 적용될 도덕적·윤리적·법적 기준을 설정하고 이를 반영하여 개발하는 것이 얼마나 중요한지를 보여 줍니다. 연구를 통해 이러한 기준을 설정하는 일이 결코 간단하지 않다는 사실이 드러난 것입니다.

특히 문화적 배경에 따라 윤리적 기준에 대한 선호와 가치관의 차이가 명확하게 나타났습니다. 예를 들어 중국과 일본 등 집단주의 성향이 강한 동아시아 문화권의 참가자들은 노인을 더 존중하는 경향을 보인 반면, 영국과 미국 등 개인주의 성향이 강한 서구 문화권의 참가자들은 더 많은 생명을 구하는 것에 초점을 맞추었습니다. 이는 문화적 가치관이 윤리적 판단에 깊은 영향을 미친다는 것을 잘 보여 줍니다. 이러한 문화적 차이에서 비롯된 판단의 차이도 존재해 AI 윤리에 대한 보편적 합의를 이루기는 쉽지 않습니다. 하지만, 빠르게 발전하는 AI 기술에 발맞춰 일반적인 수준에서라도 논의는 계속될 것으로 보입니다.

내가 지켜야 할 윤리 강령 (행동 지침)

AI 윤리는 인공지능 개발자나 기업만이 아닌, AI를 활용하고 배포하는 사용자들에게도 중요한 덕목입니다. 2024년 여름, 한국 사회에서 가장 큰 AI 윤리 이슈 중 하나는 텔레그램 메신저 앱을 통해 유포된 부적절한 딥페이크 영상 사건이었습니다. 이는 유명인의 얼굴을 다른 사람의 신체에 합성하거나, 존재하지 않는 얼굴을 생성해 악의적으로 사용하는 사례입니다. 딥페이크 기술은 재미있는 영상이나 예술 작품을 만드는 데 활용될 수 있지만, 악의적으로 이용될 경우 심각한 문제를 일으킬 수 있습니다. 특히 딥페이크 사진이나 영상이 가짜 뉴스와 결합되면 거짓 정보를 진실로 믿게 만들어 사회적 혼란을 초래하고, 특정 개인이나 단체에 큰 피해를 줄 수 있습니다.

이번 텔레그램 사건의 피해자 중 상당수가 10대 청소년들이었으며, 가해자 중에도 10대 청소년들이 포함되어 있어 그 충격은 더욱 컸습니다. 이에 따라 교육청과 학교 등 관련 기관들이 딥페이크 범죄에 대한 대처 방안을 마련하고 적극적으로 대응하고 있지만, 해결이 쉽지 않은 실정입니다. 일부 청소년들과 모델, 인플루언서들은 자구책으로 SNS 사용을 중단하거나 계정을 비활성화하고, 개인정보를 더 철저히 관리하는 등의 방법으로 대응하고 있습니다.

이와 같은 사례는 AI 기술을 윤리적이고 책임감 있게 사용해야 할 필요성을 더욱 일깨워 줍니다.

우리나라는 딥페이크 기술을 이용해 부적절한 콘텐츠를 제작하거나 배포하는 행위에 대해 엄격한 법적 처벌을 부과하고 있습니다. 「성폭력범죄의 처벌 등에 관한 특례법」 제14조에 따르면, 타인의 동의 없이 신체를 촬영하거나 합성·편집한 영상을 배포하는 행위는 중대한 범죄로 간주됩니다. 또한 만 14세 이상의 미성년자도 형사 책임 능력이 인정되므로 이러한 행위에 대해 처벌받을 수 있습니다.

미국에서는 주마다 법률이 다르지만, 딥페이크를 통한 부적절한 콘텐츠의 제작과 배포는 중대한 범죄로 취급됩니다. 특히 피해자가 미성년자인 경우, 가해자가 청소년이라 하더라도 형사 처분을 받을 수 있으며, 심각한 경우 성인 교정 시설에 수감될 가능성도 있습니다. 또한 피해자가 민사 소송을 제기하면 막대한 규모의 손해배상 책임이 발생할 수 있으며, 이는 한국과 비교했을 때 상당히 높은 수준의 배상액입니다.

이와 같은 법적 처벌 외에도 미성년 시절의 한 번의 실수는 개인의 인생에 큰 영향을 미칠 수 있다는 점을 꼭 기억해야 합니다. 범죄 기록은 이후 진학이나 취업에 제약이 될 수 있으며, 평생 사회적 신뢰를 얻기 어려운 삶을 살아갈 가능성도 큽니다. 특히 인터넷에 유포된 콘텐츠는 완전한 삭제가 불가능한 경우가 많아 피해자의 고통이 오랜 시간 지속될 수 있으며, 경우에 따라 회복이 어려울 수 있습니다.

디지털 세상을 살아가는 우리는 누구나 피해자가 될 수 있고, 반대로 가해자가 될 수도 있다는 사실을 명심하며 윤리적 기준과 행동 강령을 갖추어야 합니다. 다른 사람의 얼굴이나 목소리를 무단으로 사용하지 말아야 하며, 장난이나 재미를 위해 불법적인 콘텐츠를 제작하거나 배포하는 것도 금지되어야 합니다. 만약 의심되는 콘텐츠를 접한다면 즉시 학교나 경찰에 신고하는 것이 바람직합니다.

더불어 저작권, 표절, 사생활 침해에 대한 이해를 바탕으로 행동 지침을 설정하고 이를 실천하는 것이야말로 올바른 디지털 윤리를 실천하는 길입니다.

<저작권, 표절, 사생활 침해>

종류	설명
저작권	저작권이란 콘텐츠를 만든 창작자가 가지는 지식 재산권 중의 하나로, 소설, 영화, 음악, 미술 등 저작물에 대해 가지는 배타적 법적 권리를 말한다. 저작권은 창작자 권리를 보호하고 문화를 발전시키는 것을 목적으로 한다. 저작물을 사용하게 될 경우 저작권자의 동의를 구하거나 일정 저작권료를 지불하고 사용할 수 있다. 최근 생성형 AI를 활용하여 글을 쓰고 작곡하며 그림을 창작하는 시대가 도래하면서, 저작권에 대한 새로운 기준이 요구되고 있다. 현재까지는 명확한 법적 기준이 없지만, AI가 기존 작품을 학습하여 생성한 결과물이 원작자의 저작권을 침해할 가능성이 있다. AI를 이용해 유명인의 목소리나 이미지를 무단으로 사용하여 콘텐츠를 제작하는 경우 저작권 및 퍼블리시티권[4] 침해로 간주될 수 있다. 오픈AI의 GPT4o에 사용된 목소리가 미국의 여배우 스칼렛과 비슷하다 하여 삭제된 사례가 있다. 일부 소셜 미디어 플랫폼은 AI를 활용한 콘텐츠를 게시할 때 반드시 AI 생성 여부를 명시하도록 요구하고 있다.

4 퍼블리시티권은 개인의 이름이나 초상 등을 상업적으로 이용할 수 있는 권리를 말하며, 이를 무단으로 사용하면 법적 문제가 발생할 수 있다.

표절	표절은 다른 사람의 글이나 저작물을 도용하는 행위를 가리킨다. 다른 사람이 창작한 문학 작품, 논문, 보고서 등 여러 형태의 글을 그대로 베끼거나 모방하여 자신의 것인 양 사용하는 것을 말한다. 즉, 표절은 비윤리적인 행위로 볼 수 있고 저작권 침해는 타인의 재산권에 피해를 주는 행위로 구분된다. 논문이나 글을 쓸 경우 카피킬러(Copykiller), 턴잇인(Turnitin)과 같은 표절 검사 소프트웨어를 사용하여 유사도를 확인하고 있다. 다른 사람의 글을 일부 인용할 경우에는 반드시 출처를 표기해야 한다.
사생활 침해	개인의 정보를 다른 사람들에게 노출시키거나 악의적인 목적으로 사용하는 경우를 말한다. 불법 촬영, 불법 도청, 무단 침입 등도 사생활 침해에 해당되며 「개인정보 보호법」 및 「정보통신망 이용촉진 및 정보보호 등에 관한 법률」 등에 따라 법적 처벌의 대상이 될 수 있다.

미래 사회 시민이 갖춰야 할 덕목

AI 윤리는 건전하고 건강한 디지털 문화를 형성하는 데 있어 청소년들뿐만 아니라 디지털 시대를 살아가는 모든 현대인이 갖추어야 할 기본 덕목입니다. 이에 유럽연합EU을 비롯하여 미국과 영국 등 주요 국가들은 AI의 안정성과 신뢰성을 확보하고, AI 산업의 성장을 촉진하기 위해 대규모 투자와 인프라 구축을 포함한 지원 체계를 마련하고 있습니다. 이들은 규제 가이드라인을 통해 글로벌 AI 주도권을 확보하려는 경쟁에 본격적으로 나서고 있습니다.

한국 또한 AI 산업의 발전을 위해 무조건적인 규제를 지양하고, AI 기술의 특성과 사회·문화적 맥락을 반영한 법적 기반을 빠르게 마련해야 할 필요가 있습니다. 이러한 접근을 통해 AI 산업의 성장을 도모하면서도 안전하고 신뢰할 수 있는 AI 환경을 구축할 수 있습니다.

얼마 전 유럽의 한 도시에서 기체 결함으로 인해 비행기가 상당 시간 지연되어 승객들이 늦게 귀국하는 일이 발생했습니다. 항공사 측에서는 승객들에게 약 10만 원의 지연 보상금을 제안했지만, EU 항공 규정을 잘 아는 승객들은 EU261 규정을 근거로 600유로(약 80만 원)의 보상을 요구했다는 소식이 전해졌습니다. EU261 규정은 유럽 항공사뿐만 아니라 유럽에 취항하는 모든 항공사에 적용되는 규정으로, EU 회원국 소속 항공기가 아니더라도 회원국 영토 내의 공항에서 출발하는 모든 비행기에 적용됩니다. 따라서 한국 항공사도 EU 회원국 항공사는 아니지만, 출발지가 EU 회원국의 공항이었기 때문에 EU261 규정의 적용을 받게 된 것입니다.

이는 세계 최초의 AI 규제법인 「EU AI ACT」를 주목해야 하는 이유입니다. EU에 있는 국가뿐만 아니라, EU 회원국 출신 국민이 생성하는 데이터를 가지고 AI를 학습시키거나 혹은 인공지능 서비스를 사용할 경우 개발자와 사용자 모두에게 적용되기 때문입니다.

2024년 5월에 공포된 「EU AI ACT」는 AI의 위험군을 네 가지로 분류했으며 개발자와 사용자에게도 해당 규제법을 적용했습니다. 2024년 3월 1조 달러 클럽에 다섯 번째로 가입한 엔비디아NVIDIA

의 연례 개발자 콘퍼런스 'GTC 24'에서 젠슨 황Jensen Huang은 매우 흥미로운 이야기로 사람들의 주목을 끌었습니다. 그는 "AGI가 언제 나타날지 예측하는 것은 AGI를 어떻게 정의하느냐에 따라 달라진다"고 주장했습니다. 이처럼 AI의 위험군을 어떻게 나누어 정의하느냐는 AI 윤리와 AI 규제의 기반이 됩니다. 그런 측면에서 EU가 AI의 위험군을 어떻게 구분하고 정의하였는지 참고할 수 있습니다.

「EU AI ACT」는 AI 산업의 육성과 규제 사이의 균형을 모색하며, 개인정보 보호 등 EU의 핵심 가치와 시민의 기본권을 보호하는 데 중점을 두고 설계된 세계 최초의 포괄적인 AI 규제 법안입니다. 위험도에 따라 AI 시스템을 네 가지 범주로 분류하며, AI 시스템 개발자뿐만 아니라 공급자, 수입자, 배포자, 이용자 등 모든 관련자의 의무에 대해 언급하여 차별성을 보입니다. 위험성 분류 기준은 AI가 건강, 안전 또는 인권에 미칠 수 있는 잠재적 피해의 가능성과 심각성에 따라 결정됩니다. 이에 따라 AI의 위험 수준은 허용 불가Unacceptable risk, 고위험High risk, 제한적 위험Limited risk, 최소 위험Minimal risk으로 나뉩니다.

<AI 위험군의 분류>

위험 수준	AI 시스템 유형	설명	예외
허용 불가 (Unacceptable)	잠재의식 기술, 취약성 악용, 소셜 스코어링, 감정 추론, 생체인식 및 민감 정보 수집	사람의 의사결정을 왜곡하거나 특정 그룹을 착취하는 시스템. 개인의 신뢰도를 AI로 평가하는 시스템, 개인 감정 추론, 민감 생체 정보 수집도 포함	범죄 수사, 국가안보, 공공의료나 안전을 위한 생체 정보 활용이나 실시간 원격 생체 인식 허용
고위험 (High risk)	국민 안전, 보건, 기본권 침해 가능성이 있는 AI 시스템 (예: 교통, 교육, 고용, 공공 서비스 접근, 법 집행, 이주, 망명, 국경 통제, 사법, 민주 절차 관리 등)	가장 많은 규제가 적용되는 시스템으로 적합성 평가, 데이터 품질 기준 충족, 사이버 보안 요구 등 높은 수준의 규제를 받아야 함	오직 절차적·행정적 성격의 업무, 이미 완료된 인간 활동의 결과를 개선하는 목적, 인간의 평가나 판단을 대신하고 개입하지 않으며 단지 패턴이나 이상을 감지할 경우 허용
제한적 위험 (Limited risk)	생성형 AI, 딥페이크 등	정보 및 투명성 요구 사항이 부과됨. 특히 생성형 AI는 인간-기계가 상호작용하는 점을 명확히 고지해야 함	범죄 예방 목적의 경우 일부 예외 허용
저위험 및 최소 위험 (Low& Minimal risk)	이메일 스팸 필터나 비디오 게임 AI 등 사회적으로 무해한 AI	저위험 AI는 현재 법률(GDPR 등)에 의해 규제되며, 추가 의무가 부과되지 않음. 자발적 행동 강령 제정이 권장	

앞에서 사례를 들었던 항공사의 예처럼, 의무자에 따른 준수사항을 살펴보면 AI 또한 제3국으로부터 제공되었다고 하더라도 EU 내에서 사용되면 기준이 적용되는 대상이 됨을 알 수 있습니다.

<의무자에 따른 준수사항>

의무	제공자 및 사용자	설명
제공자(개발자)의 의무	고위험 AI 시스템의 제공자	고위험 AI 시스템에 대해 높은 수준의 의무를 가지며, EU 시장에 제공될 경우 규제를 준수해야 함. EU 외부에서도 동일한 규정이 적용됨
	제3국 제공자	AI 시스템이 EU 내에서 사용된다면 제3국에 기반한 제공자도 규제를 준수해야 함
사용자(배포자) 의무	고위험 AI 시스템의 사용자	개발자보다는 작은 의무를 지니지만 일부 의무가 부과됨. 사용자 역시 EU 내외 구분 없이 동일한 규제를 따름

GPAI(General-purpose AI, 범용 인공지능) 모델은 적응력이 뛰어나기 때문에 위험 수준에 따라 분류하기 어렵다고 명시하고, 이러한 이유로 「EU AI ACT」는 GPAI에 대해 명시적으로 별도의 규칙 세트를 만들어 규제하고 있습니다.

<범용 인공지능의 분류>

범용 인공지능(GPAI, General-purpose AI)	내용
모든 GPAI 모델 제공자	기술 문서 제공, 사용 지침 준수, 저작권 지침 준수, 학습 데이터 요약 정보 공개 등의 의무가 있음
오픈 라이선스 GPAI 제공자	시스템적 위험을 나타내지 않는 한, 저작권 및 훈련 데이터 요약 정보 공개만 준수
시스템적 위험을 나타내는 GPAI 모델 제공자	모든 GPAI 모델 제공자는 모델 평가, 공격 테스트, 중대한 사건 추적 및 보고, 사이버 보안 보호를 해야 함

홍콩《사우스차이나모닝포스트SCMP》에서는 중국 정부가 AI로 제작된 콘텐츠에 대해 이를 명확히 식별할 수 있도록 표시를 의무화하는 규정 초안을 발표했다고 보도했습니다. 이 규정은 AI로 만들어진 모든 콘텐츠에 대해서는 그 사실을 명확히 고지해 AI로 생성된 콘텐츠가 사용자들에게 혼란을 주지 않도록 투명성을 강화하려는 목적으로 마련되었습니다. 이러한 움직임은 유튜브나 인스타그램 자체에서도 볼 수 있는데, 영상이나 릴스를 제작하고 업로드할 경우 AI로 제작된 경우 반드시 밝히게 되어 있고 그렇지 않으면 불이익을 당할 수 있다고 명시합니다.

미국의 캘리포니아주 의회는 2024년 8월 AI 규제 법안「SB1047-첨단 AI 모델을 위한 안전·보안 혁신법」을 통과시켰습니다. 캘리포니아는 AI의 터전임에도 불구하고 미국 내에서도 가장 강력한 규제법을 만든 것입니다. 기업들이 강력한 AI 기술을 공개하기 전 안전성을 테스트하도록 의무화하고, AI 모델이 문제를 일으킬 경우 셧다운시킬 수 있는 '킬 스위치Kill Switch' 기능을 넣어야 한다고 명시하고 있습니다. 아울러 AI 시스템이 많은 사람을 사망에 이르게 하거나 5억 달러 이상의 피해를 일으키는 중대한 문제를 발생시킬 경우 기술을 개발한 AI 기업에 책임을 물게 한다는 내용도 포함됐습니다.

이 법은 대규모 AI 모델의 안전성과 책임성을 강화하기 위한 미국 내 최초의 시도였습니다. 비록 주지사의 거부권으로 인해 법제화되지는 않았지만, AI 규제에 대한 중요한 논의를 촉발시키고, 향후 AI 정책 수립에 많은 방향성을 제시할 것으로 예상됩니다.

지금까지 본 것처럼, AI 윤리는 위험한 상황에서 윤리적인 AI의 선택, AI 개발자와 사용자의 의무와 책임 그리고 기업의 역할 등을 모두 포함하며 아직 완벽하지는 않더라도 법적인 기준을 만들어 가고 있습니다. 청소년들은 먼저 사용자로서 지켜야 할 윤리 강령을 살펴보고 수용하며 따르는 마음가짐을 가져야 합니다. 이러한 위험성을 인지하고 불법적으로 사용하지 않기 위해서는 라이선스가 허용된 자료나 저작권이 없는 콘텐츠를 사용하고, 다른 사람의 작품을 인용할 때는 반드시 출처를 밝혀야 합니다. 특히 무료 AI 프로그램을 사용하면서 창작된 작품을 자신의 작품으로 사용하여 대중에게 알리면 저작권 침해 가능성이 크다는 점을 잊지 말아야 하며, AI를 활용해 만든 작품이라는 것을 반드시 공개해야 합니다. 가이드라인을 잘 알고 대처한다면 AI와 함께 슬기로운 일상생활을 만들어 갈 수 있습니다.

AI 리터러시가 있어야 질문할 수 있다

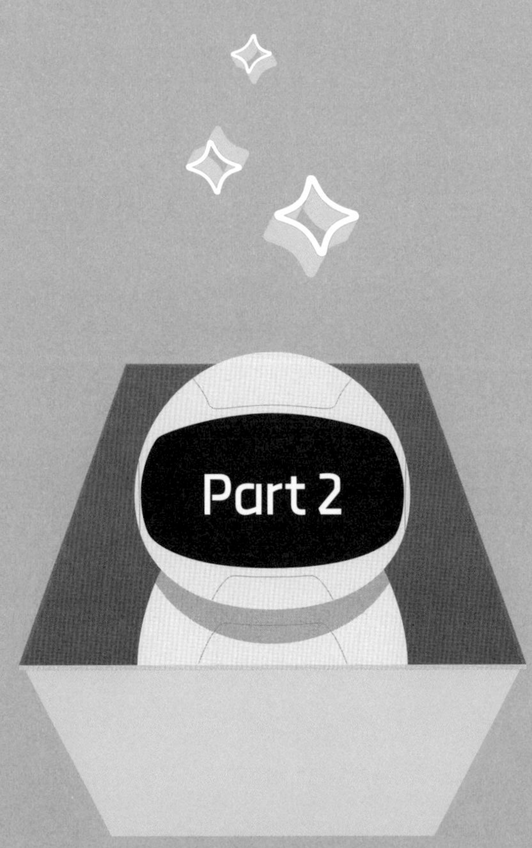

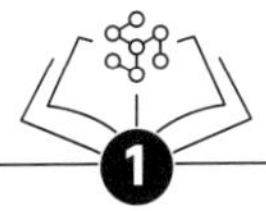

1

디지털 세상의 문해력

"먼작귀?"

도대체 무슨 말일까요? 도저히 이해할 수 없는 외계어를 쓰고 있는 학생들을 만났습니다. 이 단어는 '뭔(먼)가 작고 귀여운 녀석'의 줄임말로, 일본 애니메이션 작가 나가노가 만든 만화 〈치이카와〉에서 나온 표현이랍니다. 이 만화는 한국에서도 큰 인기를 끌고 있는데, '치이카와'라는 이름은 일본어로 '작다'라는 뜻의 '치이사이小さい'와 '귀엽다'라는 뜻의 '카와이이かわいい'가 합쳐진 말입니다. 그래서 우리나라에서는 '먼작귀'라는 줄임말이 탄생한 것이죠.

줄임말은 과거에도 존재했습니다. 특히, 아날로그 시대의 주요한 전자식 커뮤니케이션 소통 도구였던 전보는 줄임말이 매우 중요했습니다. 전보는 1837년에 영국의 윌리엄 쿡William Cooke과 찰스 휠스턴Charles Wheatstone에 의해 개발되어 빠르게 전 세계로 퍼져 나갔습니다. 특히 대서양을 가로지른 해저 케이블이 1860년대에 설치되면서 영국과 미국 간의 통신이 가능해졌고, 전보는 국제 통신의 필수적인 수단이 되었습니다. 20세기 초반까지 전보는 빠르고 신뢰성 있는 장거리 통신 수단으로 널리 사용되었지만, 20세기 중반 이후 전화기와 라디오 그리고 21세기에는 인터넷의 등장으로 점차 그 역할이 줄어들어 20세기 말에 전보 시스템은 종료되었습니다. 한국은 지난 2023년 12월, 서비스를 시작한 지 135년 만에 전보 서비스의 막을 내렸습니다. 참고로 청소년들이 가장 많이 사용하는 대표적인 SNS 중 하나인 인스타그램Instagram은 '즉시'를 뜻하는 인스턴트Instant와 '전보'를 뜻하는 텔레그램Telegram의 합성어입니다.

전보가 주요 통신 수단이던 시절엔 메시지의 글자 수에 따라 요금이 책정되었기 때문에 짧고 간결하게 메시지를 전달하는 것이 매우 중요했습니다. 이는 개인적인 메시지뿐만 아니라, 상업적이거나 국가 간의 중요한 소통에서도 마찬가지였습니다. 전보 통신 비용을 절감하기 위해 불필요한 단어를 생략하고, 메시지를 최대한 압축된 형태로 보내는 것이 일반적인 방식이었습니다. 이러한 상황에서 다양한 암호나 은어가 사용되었는데, 이는 요금을 낮추기 위한 실용적인 해결책이었습니다. 이렇게 함으로써 '빠른 의미 전달'과 '비용 절감'이라는 두 가지 장점을 모두 얻을 수 있었습니다. 이런 줄임말은 디지털 시대로 접어들면서 새로운 신조어로 자리잡아 신조어에 익숙하지 않은 사람들에게 점점 난해한 단어가 되었습니다.

줄임말이 생활 속에 하나의 문화로 뿌리 깊이 자리 잡기 시작한 것은 MZ세대 때부터입니다. 해외여행과 유학이 늘어나고, 외국의 문화를 많이 받아들이기 시작하면서 다양한 언어와 문화를 접할 기회가 늘어났습니다. 무엇보다 인터넷 공간이 만들어지면서 본격적인 디지털 세상이 열리게 된 것과도 맞물립니다. 디지털 세상은 시공간의 경계가 붕괴된 세상으로, 물리적인 이동 없이도 어디서든 자유롭게 만나 이야기를 나누고 공유할 수 있는 커뮤니티가 쉽게 형성되었습니다. 그 속에서 자신들만의 언어로 이야기하며 신조어가 생성되었고, 급속도로 확산되었습니다.

줄임말이 너무 많아지다 보니, 나중에는 '줄임말 사전'이 나올 지경에 이르렀습니다. 예를 들어 '먹방'이라는 단어는 '먹는 방송'의 줄임말인데, 이런 신조어들은 한국뿐만 아니라 외국에까지 알려지며 위키피디아에도 등재되었습니다.

이런 환경에서 성장한 밀레니얼M 세대는 이제 어린 자녀를 둔 학부모가 되었는데, 이들의 문해력이 문제로 지적된 적이 있습니다. 한 유치원 교사가 예정된 행사가 열리는 곳이 "우천 시에는 다른 장소로 변경된다"는 공지를 했는데, 일부 학부모가 "우천시라는 장소가 어디냐?"라고 물어봤다고 합니다. 또 수학여행 안내문에 '중식 제공'이라고 쓰인 글을 보고, 한 학부모는 "왜 우리 아이에게 중국 음식을 주냐, 한식을 달라"고 요청한 일도 있었답니다. 이런 일들이 알려지면서 요즘 어른들의 문해력 문제가 도마 위에 올랐습니다.

<논란이 된 성인 문해력 예시>

단어	원래 의미	잘못 해석된 의미
우천 시(雨天 時)	비가 올 때	우천이라는 이름의 도시
중식(中食)	점심 식사	중국 요리
족보(族譜)	가문의 혈통서	족발 보쌈
두발(頭髮) 자유화	머리카락	두 다리
금일(今日)	오늘	금요일
결제(決濟)	대금 처리	결재(決裁)와 혼동 (결재는 승인을 뜻함)
심심한 사과(甚深한 사과)	깊고 진지한 사과	지루한 사과
추후 공고(追後公告)	나중에 공지함	추후 공업 고등학교
폐사(弊社)	자신의 회사를 겸손히 지칭하는 표현, '우리 회사'	망한 회사

흔들리는 문해력

왜 청소년뿐만 아니라 성인들까지도 이러한 문해력 혼란을 겪을까요? 디지털 시대가 되면서 이런 문제가 더 자주 발생하는 이유는 무엇일까요?

먼저, 한자에 대한 이해 부족을 꼽을 수 있습니다. 우리가 사용하는 말과 글은 한글이지만, 그 속에는 한자로부터 유래된 단어들이 많습니다. 예를 들어, 앞에서 언급한 혼동된 단어들도 한글로 적혀 있지만, 그 의미는 한자에서 비롯된 경우가 많습니다. 한자는 의미를 담는 문자로 이를 이해하지 못하면 단어의 뜻을 정확히 파악하기 어렵습니다. 우리나라는 과거에 한자 문화의 영향을 많이 받았고, 지금도 공식 문서나 일상적인 대화에서 한자가 자주 쓰입니다. 그런데 학교에서 한자 교육을 충분히 받지 못하다 보니, 이런 혼란이 생기는 경우가 많습니다. 실제로 국립국어원이 발간한 표준국어대사전에서 한자어가 차지하는 비율은 57%에 이릅니다.

하지만 한자 교육 부족만이 문해력 저하의 유일한 원인은 아닙니다. 우리 생활 속에서 접하는 다양한 종류의 문서들, 예를 들어 책, 신문, 보고서, 교과서 등에서도 여전히 한자어를 포함한 어휘를 사용할 때가 많아 충분히 배울 수 있습니다. 문제는 사람들이 책을 읽지 않는 습성으로 인해 글을 이해하는 능력이 떨어진다는 점입니다. 이는 청소년뿐만 아니라 성인에게도 큰 영향을 미치고 있습니다. 결국 글을 읽는 습관의 부족과 디지털 환경에서의 짧고 간편한 소통 방식에 익숙해지면서 전체적으로 문해력 수준이 낮아지고 있습니다.

2021년 10월 10대 청소년 1,143명을 대상으로 '스마트학생복'에서 실시한 '청소년 언어 사용 실태' 설문 조사에 따르면 절반이 넘는 593명이 줄임말을 쓰는 이유로 "짧게 쓰고 말하는 것이 편해서"라고 답했습니다. "친구들 대부분이 사용하고 있으며 무엇보다 재미있기 때문"이라는 답이 그 뒤를 이었습니다.

우리의 뇌는 텍스트와 긴 문장을 읽을 때, 그 의미를 이해하고 정보를 연결하며 사고하는 능력을 발휘합니다. 그러나 짧고 단순한 말만을 접할수록 뇌는 할 일이 줄어들고, 점차 일하지 않게 됩니다. 뇌가 게을러지면 깊이 생각하고 판단하는 힘이 약해지며, 결국 사고하는 능력을 잃어버리게 됩니다. 짧고 간결한 대화나 표현은 사고력을 약화하는 근본 원인이 되며, 깊이 있고 오래 사고할 수 있는 뇌의 능력을 무디게 만듭니다.

또한 쇼츠나 릴스 등 짧은 영상으로 신속한 정보의 습득과 빠른 소통의 습관화는 뇌의 도파민 분비를 활성화시켜 더욱더 짧고 빠른 방법을 갈구하게 합니다. 이로 인해 대화에서 사용되는 언어는 재미로 무장된 단순 오락의 수단으로 전락하고, 삶의 깊이나 복잡한 생각을 담아내는 도구의 역할을 상실하게 됩니다.

결국 장문의 책, 신문 그리고 보고서를 꼼꼼히 읽는 일상은 자연스럽게 소홀히 하게 되고, 이를 시도하더라도 주의력과 인내심이 부족해 어려움을 겪게 되면서 문해력 저하는 기정사실화 되고 있는 현실입니다.

MZ세대가 사용했던 줄임말보다 더 짧고 빠르게 변화하는 줄임말을 알파세대가 만들어 내고 있습니다. 이들은 새로운 줄임말을 더 자주 사용하고, 더 현란하게 변형시키며 소통의 방식을 계속해서 바꾸고 있습니다. 더 큰 문제는 바로 여기서 시작됩니다.

그들만의 언어로 무장된 커뮤니티

언어의 변형은 시대의 흐름과 자신이 속한 커뮤니티의 유행에 따라 자연스럽게 변화하는 현상입니다. 하지만 우리가 주목해야 할 점은 줄임말이나 신조어의 증가 자체가 아닙니다. 디지털 세상에서는 자신과 비슷한 사람들끼리 쉽게 작은 공간을 형성할 수 있고, 그들만이 이해할 수 있는 언어를 만들어 소통하면서 자신들만의 독특한 문화를 만들어 갈 수 있습니다. 이는 단순한 소통을 넘어 자신들만의 '우월한 왕국'을 만드는 욕구를 충족하게 됩니다. 문제는 이 과정에서 다른 사람들과의 소통이 단절되거나, 새로운 계층이 형성되어 모든 것이 연결된 디지털 세상에서 아이러니하게도 폐쇄적인 문화가 생겨난다는 점입니다.

이러한 폐쇄적인 경향은 결국 사람들 간의 갈등을 조정하기보다는, 서로 거리를 두게 하고 분리하고 단절시키는 결과를 초래합니다. 10대들이 '로켓 위젯Locket Widget'이나 '비리얼BeReal'과 같은 폐쇄형 사회관계망서비스SNS를 사용하는 이유도 자신들만의 폐쇄적인 공간에서 소통하려는 욕구 때문입니다.

철학자 아리스토텔레스는 인간을 '사회적 동물'로 정의하며 소속감이 사람들 사이의 유대 관계를 강화하고 개인이 자신의 가치를 인정받는 중요한 요소라고 강조했습니다. 그러나 디지털 세상에서의 사회는 더욱 세분화되고 양극화되면서 소외감이나 두려움을 느끼는 '포모 증후군FOMO Syndrome[5]' 같은 현상이 나타나고 있습니다. 그 결과 '사회적 동물'이라는 인간의 본질적인 의미가 점점 모호해지고 있는 것이 현실입니다.

MZ 세대에서 시작된 신조어의 유행은 알파세대까지 이어져 디

5 포모(FOMO)는 'Fear Of Missing Out'의 약어. 유행에 뒤처지는 것 같아 두려움을 느끼고 스트레스를 받는 상태를 말한다.

지털 커뮤니티가 더욱 세분화되고 고립된 문화가 형성되고 있습니다. 이러한 현상은 현대 사회가 개인화되고 이분화되는 과정을 상징적으로 보여 줍니다.

한국의 폐쇄적인 집단 문화가 디지털 시대로 이어져서 그들만의 커뮤니티가 구성되었고, 언어 역시 그렇게 배타적으로 발전되어왔다고 추정됩니다. 이런 맥락에서 볼 때, 청소년들에게 줄임말은 단순히 짧고 편리하며 재미를 주는 수단을 넘어, 그들만의 독특한 커뮤니티를 형성하고 끈끈한 관계를 만드는 중요한 도구로 작용하고 있다고 볼 수 있습니다. 청소년들은 성인들이 이해하기 어려운 말을 사용하며 자신들만의 문화를 공유함으로써 안정감과 특별함을 느낍니다. 하지만 절대 잊지 말아야 할 점은 사회에서 통용되는 공식적인 언어는 따로 있다는 사실입니다. 내가 속한 특정 커뮤니티에서 사용하는 언어와 사회생활에서 요구되는 언어는 분명히 다릅니다. 그 차이를 인식하고 상황에 맞게 적절한 언어를 사용해야 합니다. 언어는 사고를 프레이밍(현실에 대해 생각하고 고려하는 고정관념의 틀) 할 뿐만 아니라 내가 하는 말이 곧 '나'를 나타내기도 합니다.

따라서 균형 잡힌 삶은 디지털 시대에 더욱 필요합니다. 빠르고 재미있는 대화는 물론, 깊이 있는 사색과 신중한 소통이 요구되는 대화도 계속 유지해야 합니다. 그래야만 디지털 세상에서도 인간으로서 가치를 잃지 않고 살아갈 수 있습니다.

언어는 생각과 행동에 영향을 미친다

미국의 언어학자 에드워드 사피어Edward Sapir는 우리가 세상을 이해하는 방식이나 행동이 자신이 사용하는 언어와 깊이 연관되어 있다고 주장했습니다. 그의 주장을 요약하면, 우리가 세상을 인식하기 전에 언어가 먼저 존재한다는 것입니다. 즉, 새로운 단어를 만들어 사용하면 사물 자체의 본질을 보기보다는 그 단어와 언어가 우리의 생각과 행동에 영향을 미쳐 동일한 사물을 다르게 바라보게 된다는 것이죠.

사피어의 제자인 벤저민 워프Benjamin L. Whorf는 이 주장을 발전시켜 '사피어-워프 가설'을 완성했습니다. 이 가설은 우리가 세상을 이해하는 방식과 행동이 사용하는 언어의 문법 체계와 밀접하게 연결되어 있다는 내용입니다.

일상생활에서도 사피어의 주장처럼 언어가 우리의 사고와 행동을 지배하는 경우를 자주 볼 수 있습니다. 예를 들어 '관종'이라는 단어가 널리 쓰이면서 우리는 대화 중에 "나 관종처럼 보일까?"라고 걱정하며 행동에 제약을 느끼기도 합니다. 또한 '설명충'이나 'TMIToo Much Information' 같은 표현이 등장하면서 내가 설명을 너무

장황하게 하는 건 아닌지 고민하며 대화를 주저하게 될 때도 있습니다. 결과적으로 다양한 지식을 나누려는 의도와 행동이 줄어들면서 상대방의 반응을 지나치게 신경 쓰는 모습이 나타나게 됩니다.

이에 반하는 주장도 있습니다. 20세기 초반, 러시아의 심리학자 레프 비고츠키Lev Vygotsky는 "언어와 문화, 그리고 인간의 생각이 서로 깊은 연관이 있다"고 주장했습니다. 그에 따르면 언어는 단순히 말하기 위한 도구가 아니라, 우리가 어떻게 생각하고 배우는지를 이끄는 중요한 힘을 가지고 있다는 것입니다.

비고츠키는 우리가 처음에는 다른 사람들과 대화하면서 언어를 배우지만, 점차 그 언어가 우리 마음속에 자리 잡아 사고방식까지 바꿀 수 있다고 설명했습니다. 즉, 문화와 사회적 가치관이 바뀌면 우리가 쓰는 말이나 표현 방식도 바뀔 수 있다는 뜻입니다.

가령 한국인들이 질문을 잘 하지 않는 이유는 질문에 대한 평가를 받는 것이 두렵기 때문입니다. 이 두려움은 남들이 나를 어떻게 평가할지에 대한 신경을 쓰게 하여 나의 사고와 행동을 제약하는 결과를 초래합니다. 이는 한국 사회의 실수나 오류를 엄격하게 평가하는 문화적 특성에서 비롯된 제약이라고 할 수 있습니다.

저는 미국에서 TESOLTeaching English to Speakers of Other Languages[6] 석사

과정을 전공했습니다. 처음 미국에 도착한 후 두 달간은 반벙어리처럼 지냈습니다. 한국에서 배운 영어는 미국 생활에 크게 도움이 되지 않았고, 현지에서 직접 부딪치며 새롭게 익혀야 했습니다. 가뜩이나 어설픈 영어 실력으로 말하는 것에 위축되어 있던 당시 가장 엄격하고 깐깐하기로 유명한 교수님의 수업에서 계속 발표를 해야 했습니다. A 학점을 받기 힘들기로 악명 높은 수업이었지만, 학점과 상관없이 그 수업이 좋아서 수강했는데 발표 때문에 곤욕을 치렀습니다. 그러나 결과적으로 A 학점을 받았고, 그 수업의 마지막 날 교수님이 해 주신 말씀은 시간이 흘러도 잊히지 않습니다.

> "넌 외국인이어서 원어민만큼 영어를 잘하지 못하는 것은 당연해. 하지만 나는 너의 경험에 기반한 창의적인 커리큘럼 발표가 좋았어. 네 경험을 제대로 풀어내기 위해 노력했고 그러한 노력을 통해 학우들이 무언가 새로운 정보를 제대로 경험하게 해 줄 수 있다는 것만 해도 너는 충분히 A 학점을 받을 자격이 있어."

6 TESOL은 영어가 모국어가 아닌 사람들에게 영어를 가르치는 국제영어교사 양성을 위한 교육과정 및 자격증이다. 미국과 영국, 호주 같은 영어권 국가에서는 이 과정을 정규 학위과정으로 운영하고 있으며, 실제로 해외 유수 영어기관에서 인정하고 있다.

그러기에 저는 현재의 10대 청소년들이 집단 문화에 얽매이거나 언어에 의해 지나치게 통제되어 자신의 생각과 행동 범위를 제한하지 않기를 바랍니다. 현재 10대들이 사용하는 축약어인 '먼작귀' 같은 표현도 재미있지만, 원래 의미인 '무엇인가 귀엽고 작은 녀석'이라는 전체 문장을 이해하고 사용하는 것은 무척 중요합니다. 단어에 담긴 뜻을 깊이 생각하고, 전체 문장과 그 문맥을 이해해 나가는 과정을 즐길 수 있어야 합니다.

물론 이 과정이 힘들게 느껴질 때가 있겠지만, 그럴 때 필요한 것이 바로 '자기 통제'입니다. 어려운 상황으로부터 피하고 싶은 마음이 들 때, 잠시 멈추고 1초만 더 생각하고 1초만 더 인내해 보는 연습을 해 보세요. 매일 조금씩이라도 자신을 조절하는 훈련을 하면, 외부의 영향을 적게 받고 내면의 자유로움을 더욱 키워 갈 수 있습니다. 이러한 인내와 자기 통제의 과정은 결국 청소년기를 더 의미있고 가치 있는 시간으로 만들어 줄 것입니다.

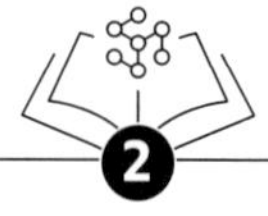

숏폼에서 다시 텍스트로

우리가 사용하는 일상 속 언어에는 참으로 재미있는 표현이 많습니다. 그중 '손 안 대고 코 푼다'라는 말이 있습니다. 이는 별다른 노력 없이도 일이 술술 풀리는 상황을 묘사하는 관용구인데요. 긍정적으로는 일 처리가 매끄럽다는 것을 의미하지만, 한편으로는 게으르게 손쉬운 방법만 찾는다는 부정적인 뉘앙스도 담고 있습니다.

최근에는 이와 비슷한 의미로 '핑프'라는 재치 있는 신조어가 등장했습니다. '핑거 프린스' 또는 '핑거 프린세스'의 줄임말로, 말 그대로 '손가락이 너무나도 귀한 왕자님과 공주님'을 빗대어 표현한 것이죠. 이들의 특징은 무언가 궁금한 것이 있을 때 스스로 찾아보거나 탐구하는 대신에 마치 귀족처럼 남들에게 즉각적인 답을 요구한다는 점입니다.

특히 요즘같이 정보 검색이 쉬운 시대에도 이런 핑프족들은 검색 한 번 하는 것조차 귀찮아합니다. 사실 제대로 된 정보 검색이란 적절한 키워드를 선정하고, 여러 자료들을 비교하며, 정보의 신뢰성과 최신성을 판단하는 등 나름의 사고 과정이 필요한 작업입니다. 하지만 핑프족은 이러한 지적 노력 자체를 기피하는 경향이 있죠.

더욱 문제가 되는 것은 이들의 행동 양식입니다. 단순히 질문만 던져 놓고 상세한 답변을 당연하게 받아가는 것은 물론이고, 때로는 자신이 원하는 답을 얻은 후 질문 기록조차 지워 버리는 무책임한 모습을 보이기도 합니다. 이는 정성껏 답변을 작성해 준 이들의 호의를 무시함과 동시에 같은 궁금증을 가질 수 있는 다른 사람들의 학습 기회마저 빼앗는 결과를 초래합니다.

이처럼 핑프족이라는 신조어는 단순히 게으른 태도를 넘어 디지털 시대의 새로운 유형의 무임승차자를 지칭하는 말이 되었습니다. 이는 우리 사회가 얼마나 편리함만을 추구하고 있는지, 그리고 그것이 가져올 수 있는 부작용이 무엇인지 돌아보게 하는 현상이기도 합니다.

디지털이 몰고온 새로운 현상

SNS와 디지털 기기의 과다 사용으로 인한 피로감이 현대인들의 새로운 고민거리로 대두되고 있습니다. 2017년 엠브레인 트렌드모니터의 흥미로운 조사 결과에 따르면, 성인 3명 중 1명꼴(31.7%)로 'SNS 피로증후군'을 경험한 것으로 나타났습니다.

SNS 피로증후군이란 무엇일까요? 카카오톡, 인스타그램과 같은 다양한 소셜 미디어를 활발히 사용하면서 끊임없는 정보 공유와 소통으로 인해 느끼게 되는 정신적·육체적 피로감을 일컫는 말입니다.

이러한 디지털 피로의 주요 원인을 살펴보면, SNS 관리에 들이는 시간과 노력에 비해 실질적인 이득이 없다는 불만족(40.9%)이었습니다. 그 뒤를 이어 과도한 정보로 인한 피로감(33.0%), 타인의 과시성 게시물에 대한 불쾌감(32.1%), 원치 않는 인간관계에 대한 부담감(31.9%) 등이 지목되었습니다. 특히 주목할 만한 점은 다른 사람들의 화려한 일상을 보며 느끼는 상대적 박탈감(28.6%)도 무시할 수 없는 요인이라는 것입니다. 특히, 쇼츠나 릴스와 같은 초단편 영상들이 점점 더 짧아져 15초, 심지어 10초 이내의 자극적인 콘텐츠가 쏟아지고 있으며, 그 속에 교묘하게 숨겨진 광고들은 사용자들의 피로감을 가중시키고 있습니다.

이러한 현상에 대한 반작용으로, 특히 디지털 네이티브 세대로 불리는 Z세대 사이에서 흥미로운 변화가 감지되고 있습니다. 미국《CNBC》와 영국《가디언》의 보도에 따르면, 일부 Z세대 사이에서 스마트폰을 과감히 버리고 지루한 전화Boring Phone[7] 또는 바보폰Dumpphone[8]으로 회귀하는 현상이 나타나고 있습니다.

이는 Z세대의 지나친 디지털 노출이 집중력 저하, 불면증, 즉각적인 응답에 대한 스트레스 등으로 실제 사회생활에 부정적인 영향을 미칠 수 있다는 것을 깨닫기 시작했음을 의미합니다. 이러한 이유로 그들은 자발적으로 디지털 사용을 줄이는 '디지털 디톡스'를 선택하고 있습니다.

이러한 흐름은 디지털 기술과 SNS가 주는 편리함과 즐거움의 이면에 숨겨진 부작용에 대해 깊이 고민할 필요가 있음을 시사합니다. 결국, 건강한 디지털 생활을 위해서는 적절한 균형과 자기 절제가 중요하다는 것을 보여주고 있는 것이죠.

이와 같은 맥락에서 우리나라 Z세대 사이에서도 흥미로운 문화적 현상이 나타나고 있습니다. 이들은 쇼츠나 릴스 같은 초단편 영상 콘텐츠를 즐기며 빠른 디지털 소통에 능숙하지만, 동시에 '느림'

7 스마트폰을 버리고 단순한 기능의 휴대전화를 선호하는 젊은이들의 욕구를 충족시키는 별다른 기능 없는 플립형 폰.
8 스마트폰과 달리 전화, 문자 메시지, GPS, 음악 재생 등 기본 기능만 갖춘 구형 피처폰.

을 상징하는 텍스트 문화를 자신들만의 방식으로 재해석하면서 새로운 소통 문화를 만들어 가고 있습니다.

특히 주목할 점은 Z세대가 디지털과 아날로그라는 두 문화를 자연스럽게 융합해 자신들만의 독특한 라이프 스타일을 구축하고 있다는 것입니다. 이러한 융합은 단순한 유행을 넘어서, 그들만의 개성과 삶의 깊이를 강화하는 핵심 요소로 자리 잡고 있습니다.

이 같은 흐름은 SNS에서 더욱 분명하게 나타납니다. 요즘 젊은 이들 사이에서는 자신이 읽고 있는 책이나 정성 들여 작성한 필사 노트를 촬영해 공유하는 것이 하나의 문화 코드가 되었습니다. 이는 단순한 '인증샷'을 넘어 자신의 취향과 생각을 드러내고, 다른 사람들과 독서 경험을 공유하는 새로운 형태의 소통 방식으로 발전하고 있습니다. Z세대에게 이러한 활동은 가장 '힙'하고 트렌디한 문화적 실천으로 자리매김하고 있습니다.

더욱 흥미로운 점은 텍스트의 의미와 가치가 새롭게 확장되고 있다는 것입니다. 이제 텍스트는 단순한 정보 전달 수단이 아니라, Z세대가 자신을 표현하고 소통하는 창의적인 도구로 진화하고 있습니다. 이러한 흐름에 맞춰 텍스트 리터러시를 향상시키기 위한 다양한 콘텐츠들이 잇따라 등장하며, 새로운 문화 현상으로 주목받고 있습니다.

이 모든 변화는 디지털 네이티브 세대가 단순히 속도와 편리함을 쫓는 데 그치지 않고, 깊이 있는 사고와 느림의 미학을 통해 더욱 풍요로운 삶을 추구하고 있음을 명확히 보여줍니다. 이는 현대 사회에서 디지털과 아날로그가 어떻게 조화롭게 공존하며, 새로운 의미를 만들어 낼 수 있는지를 증명하는 중요한 사례라 할 수 있습니다.

종이 신문의 부활

이런 텍스트 도구의 부활은 최근 전통적인 레거시Legacy 미디어(현재에도 사용되고 있지만 과거에 출시되었거나 개발된 전통적인 미디어, TV, 라디오, 신문을 말한다) 업계에서도 나타나고 있습니다. 이는 디지털 시대의 변화 속에서 전통 미디어가 겪고 있는 도전과 새로운 가능성을 동시에 보여주는 상징적인 사례입니다.

2023년 6월, 《워싱턴 포스트》는 충격적인 소식을 전했습니다. 135년의 깊은 역사를 가진 《내셔널지오그래픽》이 인쇄 매체의 쇠퇴로 인해 기자들을 전부 해고하기로 했다는 것입니다. 이제 이 유명한 매체는 프리랜서 기자와 편집자들이 콘텐츠를 제작하며, 그들의 상징이었던 사진 부문도 축소될 예정이라고 보도했습니다.

더욱이 2024년부터 미국 내 가판대에서 인쇄된 잡지를 더 이상 볼 수 없게 된다는 소식은 많은 사람에게 큰 충격을 주었습니다.

하지만 이런 흐름과는 완전히 반대의 선택을 한 언론사도 있습니다. 바로 미국의 대표적인 풍자 신문인 《디 어니언The Onion》입니다. 《디 어니언》은 2024년 8월부터 종이 신문 발행을 다시 시작한다고 발표했는데, 이는 2013년 12월을 마지막으로 종이 신문을 발행한 이후 무려 11년 만의 결정입니다.

특히 주목할 점은 《디 어니언》이 종이 신문을 중단했던 이유와 재개하는 이유입니다. 2013년 당시에는 '수익이 나지 않는 사업을 계속할 수 없다'며 디지털로 전환했었습니다. 그러나 11년이 지난 지금, 아이러니하게도 웹 광고 수익만으로는 안정적인 경영이 어

종이 신문으로 부활한 《디 어니언》

렵다는 판단하에 다시 종이 신문으로 돌아가기로 한 것입니다.

이와 같은 상반된 움직임은 전통 미디어 산업이 처한 복잡한 현실을 잘 보여줍니다. 인쇄 매체의 쇠퇴가 불가피해 보이는 상황에서도 이를 새로운 기회로 삼아 다른 전략을 찾으려는 시도가 나타나고 있습니다. 이는 디지털과 아날로그 미디어가 어떻게 공존할 수 있는지에 대한 중요한 시사점을 제시한다고 볼 수 있습니다.

디지털 시대의 아날로그 텍스트

최근 독서 문화의 부활과 함께 주목받고 있는 또 하나의 아날로그 문화가 있습니다. 바로 '손글씨'입니다. 디지털 시대에 역설적으로 부각되고 있는 이 손글씨 문화는, 단순한 글쓰기를 넘어 하나의 예술적 표현 방식으로 자리 잡고 있습니다. 심지어 연필 잡는 법부터 다양한 필기구와 글씨체의 관계까지 상세히 다룬 책들이 출간될 정도로 큰 관심을 받고 있습니다.

디지털 기기로 쓰는 글씨와 손으로 쓰는 글씨는 본질적으로 다른 차원의 행위입니다. 컴퓨터나 노트북으로 글을 쓸 때는 미리 정해진 폰트 중에서 선택하여 얼마나 빠르고 정확하게 타이핑하느냐가 관건입니다. 반면 손글씨는 속도가 아닌 정성과 개성이 담긴 예술적 표현입니다.

과거 학창 시절을 돌아보면, 칠판에 분필로 글씨를 쓸 기회가 제법 많았습니다. 공책에 자음과 모음을 창의적으로 변형해 가며 한 글자 한 글자 써 내려가면서 나만의 글씨체를 만들어 가던 그 시간들이 지금도 생생합니다. 특히 필기구와 종이의 관계는 매우 특별했습니다. 같은 글씨라도 연필로 쓸 때와 볼펜으로 쓸 때는 전혀 다른 느낌이 났습니다. 또한 종이의 질감에 따라서도 글씨체가 달라졌는데, 약간 거친 종이에 볼펜으로 쓸 때면 힘이 있는 글씨가 만들어졌고, 매끈한 종이에서는 부드러운 글씨체가 자연스레 표현되었습니다. 제가 예전부터 특별히 좋아했던 종이 재질은 달력용 종이인데, 색이 선명하게 표현되고 깔끔하면서도 적당한 마찰력이 있어 의도한 대로 글씨를 쓸 수 있기 때문에 지금도 자주 애용하고 있답니다.

이렇게 글자들을 정성스레 써 내려가다 보면, 어느새 한 페이지가 완성되어 있곤 했습니다. 그 시간이 결코 길게 느껴지지 않았던 것은, 아마도 손글씨를 쓰는 그 순간만큼은 온전히 자신만의 시간이 되기 때문일 것입니다.

디지털 시대로 접어들면서 우리의 글쓰기 습관도 크게 변화했습니다. 예전에는 당연히 공책과 필기구를 들고 다니며 기록하고 글씨를 쓰곤 했지만, 이제는 노트북과 태블릿, 심지어 스마트폰 키보드로 대부분의 글쓰기를 해결합니다. 이러한 변화로 인해 펜이나 연필로 직접 손글씨를 쓸 기회가 급격히 줄어들었고, 그 결과 관공서나 기관에서 손글씨를 써야 하는 상황이 오면 당황하게 됩니다. 글자라기보다는 그림에 가까운 흔적을 남기는 경우가 많으니까요.

흥미로운 점은 손글씨를 쓰지 않게 된 이유가 단순히 물리적인 도구의 변화나 시간 부족 때문만은 아니라는 것입니다. 오히려 손글씨를 쓰기 위해 필요한 마음의 여유와 인내심이 부족해진 것이 더 큰 원인일 것입니다. 빠른 속도와 즉각적인 결과를 추구하는 현대 사회에서 천천히 글자를 써 내려가는 과정 자체가 낯설어진 것입니다.

하지만 손글씨에는 우리가 미처 알지 못했던 특별한 마법이 숨어 있습니다. 그것은 바로 휴식과 마음의 안정을 선사하며 자신을 되돌아볼 수 있는 소중한 시간을 제공한다는 점입니다. 손글씨를 쓰는 과정에서 우리는 손가락이 단순히 키보드를 두드리는 도구가 아님을 깨닫게 됩니다. 엄지와 검지로 필기구를 잡고, 나머지 세 손가락으로 받쳐 방향과 각도를 조절하며, 그 힘의 강약에 따라 다양한 형태의 글씨가 만들어지는 과정은 매우 섬세하고 예술적입니다.

결국 손글씨는 단순한 글쓰기를 넘어 우리의 마음과 감정이 고

스란히 담기는 자기 표현의 수단이 됩니다. 써 내려간 텍스트를 보면서 자신의 내면을 들여다보는 이 신비로운 경험은, 디지털 시대에 우리가 놓치고 있던 소중한 가치를 일깨워 줄지도 모릅니다.

이렇게 특별한 아날로그 경험은 디지털 세상에서도 힘을 발휘합니다. 대표적인 사례가 아이폰의 탄생 과정입니다. 잡스는 리드 칼리지에 재학하던 시절, 서체를 배우는 캘리그래피 수업을 들었습니다. 이때의 경험은 그에게 미적 감각과 디자인에 대한 깊은 이해를 심어 주었고, 애플 제품의 디자인 철학에 큰 영향을 미쳤습니다.

이 캘리그라피 수업은 스티브 잡스에게 서체와 타이포그래피의 중요성을 깨닫게 했으며, 이는 매킨토시 컴퓨터에 아름다운 서체를 적용하는 작업으로 이어지게 됩니다. 이 짧지만 강렬했던 캘리그래피 수업에서 영감을 얻고 탄생한 디자인에 대한 열정은 아이폰 개발에까지 이어져 사용자 친화적이고 심미적인 인터페이스를 가진 혁신적인 스마트폰을 탄생시킬 수 있었던 것입니다.

이러한 예에서 보듯이, 디지털 시대에 아날로그 텍스트는 특별한 의미를 지닙니다. 단순한 정보 전달의 역할을 넘어 자아 성찰의 도구이자 감정을 담아내는 그릇이 되어 줍니다. 또한 읽는 것도, 듣는 것도, 쓰는 것도 가능하고, 내 감정을 실을 수도 있고 표현할 수도 있습니다. 디지털 기기를 멀리하고 아날로그 '감성'을 지닌 텍스트에 나를 비춰 보는 것이야말로 바로 숏폼에서 텍스트로 다시 리턴하는 Z세대들의 트렌드 변화이고, 디지털 환경 속 진정한 '갓생'을 찾아가는 여정입니다. 텍스트의 미학을 제대로 경험한 디지털 네이티브인 잘파세대(Z세대와 알파세대의 합성어로 1990년 중후반~2020년 중반에 출생한 세대)와 앞으로의 AI 네이티브 세대들이 디지털과 아날로그의 조화를 통해 가장 인간다운 자취를 남기는 세대가 되길 바랍니다.

3

MDDAI 리터러시 이해하기

2023년 초, 모 국내 기업이 운영하는 생성형 AI 프로필 서비스가 선풍적인 인기를 끌었습니다. 이 앱은 사용자가 자신의 사진 10~20장만 업로드하면 마치 전문 스튜디오에서 촬영한 것 같은 고품질의 프로필 사진을 30장이나 생성해 주었고, 그 비용이 단 6,600원에 불과했습니다. 이 혁신적인 서비스는 특히 MZ세대와 청소년들 사이에서 빠르게 퍼져 나가며 큰 성공을 거두었습니다.

최근 AI 사진 편집 기능에서 선정적 이미지가 생성되는 황당한 일이 빌어지면서 큰 문제가 되있습니다. 사용자가 스마트폰으로 생성형 AI를 사용할 때 이런 부적절한 결과물이 나온 것이죠. 스마트폰을 사용하면서 겪는 불쾌한 경험은 이뿐만이 아닙니다. 내가 전혀 관심도 없고 보고 싶지도 않은 영상이 추천되어 당황스럽거나, 어디서 내 전화번호를 알았는지 모르게 걸려오는 광고 전화가 계속될 때도 있습니다. 또, 거짓 금전적 혜택을 제시하며 클릭이나 입금을 유도하는 보이스 피싱도 점점 기승을 부리고 있습니다. 이런 일들은 청소년들에게도 자주 발생하고 있어, 디지털 세상에서 원하지 않는 정보나 거짓된 사실에 노출되는 경험이 늘어나고 있습니다.

이처럼 매일 스마트폰을 통해 접하는 디지털 세계에서는 우리의 의지와 관계없이 진실과 거짓이 뒤섞인 상황에 자주 직면하게 됩니다. 이런 환경에서 현명하게 대처하려면 무엇이 진실이고 무엇이 거짓인지 구분하는 능력이 꼭 필요합니다. 더 나아가 건강하고 안전한 디지털 환경을 만들기 위해서는 법적·윤리적 기준을 이해하고 이를 행동으로 실천하는 자세가 중요합니다.

저는 이런 능력을 'MDDAI(엠다이) 리터러시'라고 정의하며, 여기에는 우리가 오늘날 꼭 갖춰야 할 네 가지 능력을 포함합니다. 미디어 리터러시Media Literacy, 디지털 리터러시Digital Literacy, 데이터 리터러시Data Literacy 그리고 AI 리터러시AI Literacy입니다. 이 네 가지 리터러시는 디지털 세상에서 더 똑똑하고 안전하게 살아가기 위해 우리가 반드시 가져야 할 핵심 미래 생존 능력입니다.

1. 미디어 리터러시(Media Literacy)

미디어는 정보를 주고받는 매체를 의미하며, 크게 두 가지 형태로 나눌 수 있습니다. 첫 번째는 매스미디어Mass Media 또는 레거시 미디어Legacy Media라 불리는 전통적인 정보 전달 매체로, 신문, TV, 라디오, 잡지 등이 있습니다. 두 번째는 뉴 미디어New Media로, 유튜브, 인스타그램과 같이 추천 알고리즘에 의해서 작동되는 온라인 매체를 말합니다.

미디어 리터러시는 다양한 미디어를 통해 제공되는 콘텐츠를 이해하고, 그 정보가 진짜인지 가짜인지를 비판적으로 분석하고 판단하는 능력을 말합니다. 오늘날 우리가 접하는 미디어 정보는 모두 사실이거나 유익한 것만은 아니기 때문에 그 정보가 신뢰할 만한 것인지, 아니면 조작되거나 왜곡된 것인지를 스스로 판단하는 것이 매우 중요합니다.

미디어는 단순히 정보를 전달하는 데 그치지 않고, 특정한 가치관이나 이념을 전달하는 경우가 많습니다. 특히 정치나 경제 분야에서는 여론을 형성하기 위한 미디어 전략이 자주 사용되며, 댓글

조작을 통해 여론을 조작하거나 맛집의 별점과 댓글을 조작해 인기 순위를 왜곡하기도 합니다. 따라서 정보를 소비할 때는 그 안에 숨겨진 의도나 메시지를 파악하는 것이 필수입니다. 특정 정보가 한쪽으로 편향되거나 왜곡된 시각에서 작성되었는지 판단하는 능력은 객관적이고 중립적인 시각을 형성하는 데 매우 중요한 역할을 합니다.

또한 건강에 해로운 음식을 건강식으로 포장하여 광고하거나, 부작용이 있을 수 있는 다이어트 제품을 문제 없다고 홍보하는 내용을 생각 없이 받아들이다 피해를 입는 경우도 흔합니다. 이런 왜곡된 정보가 확산되면 사회적 갈등을 초래할 수 있어 주의가 필요합니다.

특히, 영상을 무분별하게 시청하는 것은 건전한 미디어 생활에 방해 요소가 되며 정신 건강에 해롭습니다. 청소년기는 성년이 되는 과정에 있기 때문에 가치관이 아직 정립되지 않은 때입니다. 줄곧 폭력적인 영화나 영상을 시청하거나 편향적인 내용이 담긴 영상을 지속적으로 시청하다 보면 언행이 거칠어질 수 있고 사회를 바라보는 시각이 삐뚤어질 수 있습니다. 이는 마치 푸른 하늘을 보면서도 빨간 안경을 끼고 하늘이 빨갛다고 믿어버리는 것과 같은 현상이 초래되는 것과 같습니다. 뉴 미디어에서는 내용에 따른 수위 조절이 안 되기 때문에 스스로 미디어의 수위를 알아차리고 멈추는 것이 필요합니다.

미디어 리터러시는 정보를 수동적으로 받아들이는 것에서 그치지 않고, 정보를 생산하는 사람으로서의 책임감을 함께 요구합니다. 이 능력은 전통적인 레거시 미디어와 뉴 미디어 모두에 필요하지만, 특히 디지털 기반의 뉴 미디어에서 그 중요성이 더욱 강조됩니다. 전통적인 미디어는 일방향 소통 방식이 주를 이루기 때문에, 대중은 신문이나 TV에서 제공되는 정보를 소비하는 역할에 머물러야 했습니다. 그러나 뉴 미디어는 다방향 소통이 가능하여 사용자들이 단순히 콘텐츠 소비자뿐만 아니라 직접 창작자, 제작자, 생산자가 될 수 있습니다. 다른 사람이 만든 콘텐츠에 댓글을 달거나 실시간으로 소통할 수 있고, 자신이 직접 만든 영상이나 사진을 공유하며 널리 퍼뜨릴 수 있는 환경이 뉴 미디어의 특징입니다.

즉, 전통적인 레거시 미디어는 소수의 미디어 회사가 정보 생산을 책임지며 엄격한 심의 절차를 통해 정보 왜곡을 막는 단계가 있지만, 뉴 미디어는 법적 제재가 거의 없고 콘텐츠 제작도 비교적 간편해 정보의 양이 훨씬 많을 수밖에 없습니다. 그만큼 가짜 정보나 오류가 포함된 콘텐츠도 많아질 수밖에 없으므로, 창작자는 자신이 생산한 콘텐츠가 오류를 포함하고 있지는 않은지, 법적·윤리적 기준을 지키고 있는지 파악해야 하며 그것이 타인에게 미치는 영향

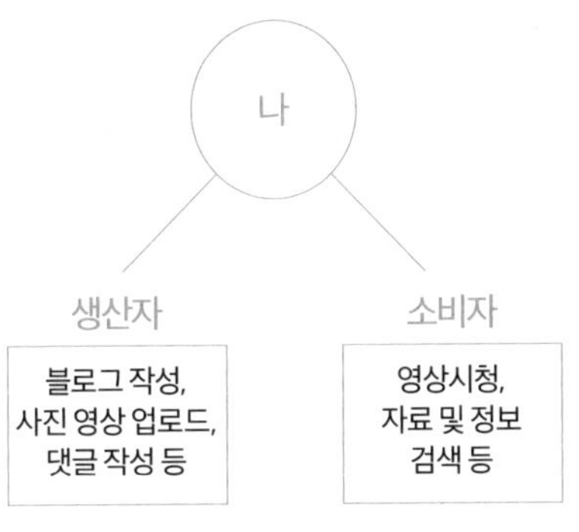

뉴 미디어에서의 나의 위치 - 생산자이자 소비자

을 고려해야 합니다.

결국 디지털 세상에서 우리는 올바르고 비판적인 정보를 습득하는 사용자로서, 그리고 왜곡되지 않은 건강한 콘텐츠를 만들어 내는 미디어 크리에이터로서 두 역할의 중요성에 대해서 제대로 인식해야 합니다.

2. 디지털 리터러시(Digital Literacy)

디지털 리터러시란 인터넷, 컴퓨터, 스마트폰 등 다양한 디지털 기기를 안전하고 효율적으로 사용하면서 그 안에서 일어나는 일들을 이해하고 활용하는 능력을 말합니다. 디지털 세상에서는 정보가 실시간으로 빠르게 오고 가며 사람들과의 소통 방식도 매우 다양합니다. 이는 대면으로 이루어지는 오프라인 소통과는 크게 다릅니다. 오프라인에서는 물리적인 공간에서 만나 직접 정보를 주고받지만, 디지털 세상에서는 그 모든 것이 온라인에서 이루어집니다. 그렇기에 디지털 환경과 디지털 기기에 대한 기본적인 이해가 필요합니다.

예를 들어, 와이파이가 없는 상황에서는 스마트폰의 핫스팟 기능을 사용해 인터넷을 연결할 수 있어야 하며, 처음 방문하는 장소에서는 길 찾기 앱을 통해 대중교통 정보를 찾아내야 합니다. 또한 스타벅스와 같은 카페에서 사이렌 오더 기능을 사용해 미리 주문하고 픽업하는 방법을 알아야 디지털 라이프를 훨씬 더 편리하게 즐길 수 있습니다. 검색하고자 하는 정보가 있다면 구글에서 적절한 키워드를 사용해 검색하고, 챗GPT와 같은 생성형 인공지능을 이용해 원하는 정보를 얻어낼 수도 있어야 합니다.

그러나 디지털 리터러시는 단순히 기기를 잘 다루는 기술에 그치지 않습니다. 디지털 기기를 능숙하게 사용하는 것을 넘어, 디지털 환경에서 이루어지는 복잡한 흐름을 분석하고 이해하며 이를 학습이나 일상생활에 효율적으로 활용하는 것도 포함합니다. 그 과정에서 법적·윤리적 문제가 없는지 그 기준을 점검하고, 스스로 자기 규제를 할 수 있어야 합니다. 여기에는 온라인 커뮤니티에서 상대방에게 예의를 지키는 것 역시 포함됩니다.

디지털 세상에서는 이름, 성별, 나이, 위치, 검색 기록 등 수많은 개인정보가 남겨지기 때문에 디지털 환경을 제대로 이해하는 것이 중요합니다. 이를 통해 우리는 개인정보를 보호하며, 안전하고 스마트하게 디지털 기기를 사용할 수 있습니다. 반대로 이러한 지식과 주의력이 부족하면 해킹이나 사기와 같은 위험에 노출될 수 있습니다.

무엇보다 중요한 것은 디지털 기기에 과도하게 몰입하는 자신을 알아차리고, 스스로 멈출 줄 아는 능력입니다. 자기 통제력은 디지털 리터러시에서 가장 중요한 요소입니다. 디지털 기기와 함께해야 할 시간과 멀리해야 할 시간을 구분하는 능력입니다. 불필요한 디지털 활동을 자제하고, 스스로 통제할 수 있다는 것은 그 어떤 디지털 능력보다도 중요한 덕목입니다. 진정한 디지털의 가치는 그 흐름을 스스로 조절할 때 생기는 것입니다. 디지털 세상의 꿀맛을 멈춤 속에서 찾아보는 여유를 가져야 합니다.

3. 데이터 리터러시(Data Literacy)

데이터란 분석을 목적으로 수집된 사실이나 통계 그리고 디지털 형태로 저장되고 전송되는 모든 수치, 문자 또는 기호를 의미합니다. 데이터는 다양한 종류로 나뉘며, 그중 대표적으로 몇 가지를 소개하면 형태에 따라 '정형 데이터'와 '비정형 데이터'로 구분할 수 있고, 생성 주체에 따라 '기계 데이터'와 '소셜 데이터'로 구분할 수 있습니다.

먼저 '정형 데이터'는 정량적 데이터Quantitative Data라고도 하며, 수치로 측정 가능한 데이터를 의미합니다. 예를 들어 나이, 키, 몸무게, 지능지수 등 눈으로 명확하게 확인할 수 있는 숫자나 통계 데이터를 말합니다. 반면에 '비정형 데이터Qualitative Data'는 수치화하기 어려운 데이터로, 사람의 성격, 성질, 기질, 문화 등과 같이 그 특성을 숫자로 표현하기 힘든 정보를 포함합니다.

데이터를 생성하는 주체에 따라서도 분류할 수 있습니다. '소셜 데이터'는 SNS 활동에서 생성되는 사진, 동영상, 댓글, 이메일 등 디지털 소통에서 만들어지는 데이터를 말하며, '기계 데이터'는 IoT(사물인터넷) 기기나 센서에서 수집되는 데이터로, 교통 센서, 보안 센서, CCTV에서 얻는 데이터 등이 이에 해당합니다. 이렇게 다양한 형태로 수집된 방대한 데이터를 '빅데이터Big Data'라고 부릅니다.

데이터 리터러시는 데이터를 읽고 이해하며, 분석된 데이터를 활용하고 해석할 수 있는 능력을 의미합니다. 대중에게 공개된 다양한 보도자료나 보고서, 통계 자료에는 그래프, 차트, 수치 등으로 정보를 한눈에 쉽게 전달하는 표현 방식이 많이 사용됩니다. 이러한 데이터는 단순한 숫자로 보일 수 있지만, 사실 그 안에는 세상을 더 깊이 이해하고 더 나은 결정을 내릴 수 있게 하는 중요한 의미가 숨겨져 있습니다. 이러한 숨은 의미를 파악하는 것이 바로 데이터 해석 능력입니다.

데이터를 통해 현상을 분석하고 그 결과를 바탕으로 의사결정을 내리는 과정에서 데이터 리터러시 능력이 매우 중요한 역할을 하게 됩니다. 예를 들어, 학교에서 학생들의 학습 능력을 평가하기 위한 데이터 분석을 할 때, 단순히 성적과 같은 정량적인 데이터만을 분석한다면 학생의 전체적인 학습 능력을 정확하게 평가할 수 없습니다. 성적이 왜 낮게 나왔는지에 대한 근본적인 원인, 즉 학생의 정서적 상태나 환경과 같은 비정형 데이터도 함께 분석되어야 정확한 평가가 이루어질 수 있습니다.

또 다른 예로, 특정 제품의 판매량이 많다는 데이터만 보고 그 제품의 품질이 좋다고 단정 짓는 것은 위험할 수 있습니다. 높은 판매량이 일시적인 광고 효과나 마케팅의 영향인지, 실제 제품의 품질이 뛰어나서인지를 수치 데이터만으로 판단하기는 어렵기 때문입니다. 이처럼 표면적으로 드러나는 숫자에만 집중하다 보면, 그 뒤에 숨겨진 중요한 정보나 맥락을 놓칠 수 있습니다.

따라서 데이터를 해석할 때는 단순한 수치 이상의 것을 바라보는 비판적 사고와 다양한 경험에서 얻은 통찰력이 필요합니다. 이를 통해 데이터를 더 깊이 이해하고, 더 정확하고 신뢰할 수 있는 결정을 내릴 수 있습니다. 이것이 데이터 리터러시의 핵심입니다.

4. AI 리터러시(AI Literacy)

과학기술정보통신부가 발표한 '2023 인터넷 이용 실태 조사'에 따르면, 조사 대상자 2명 중 1명이 AI 서비스를 경험한 것으로 나타났습니다. 특히 지난 3년간 AI 서비스는 주거, 교육, 교통, 커뮤니케이션 등 다양한 생활 분야에서 급격히 확산되었습니다. 2021년에는 32.4%였던 AI 서비스 경험 비율이 2022년에는 42.4%로, 그리고 2023년에는 절반을 넘어서 50.8%에 달했습니다.

OECD가 2024년 3월에 발간한 보고서 '직장에서의 AI 사용Using AI in the workplace'에서도 AI가 직장 내에서 상당한 이점을 제공할 수 있다고 언급했습니다. 고용주와 근로자를 대상으로 한 설문 조사에서 근로자 5명 중 4명은 AI 덕분에 직장에서의 성과가 향상되었고, 5명 중 3명은 업무의 즐거움이 증가했다고 답했습니다. 하지만 이 보고서는 직장 환경에 미치는 AI의 긍정적인 영향을 극대화하는 동시에 발생할 수 있는 여러 위험 요소를 완화하기 위한 정책적 대응이 필요하다고 강조했습니다. 이러한 위험을 해결할 수 있는 능력이 바로 AI 리터러시입니다.

'AI 리터러시'란 AI의 개념과 장점 속 위험 요소를 이해하고, AI와 상호작용하며 이를 일상 속에서 활용할 수 있는 능력을 말합니다. 이는 AI를 맹목적으로 신뢰하지 않으면서도 AI와 어떻게 상호작용할 수 있는지 이해하고, 법적·윤리적 테두리 안에서 AI 활용에 대해 비판적으로 사고하는 능력입니다.

예를 들어, 청소년들은 챗GPT로부터 얻은 정보를 그대로 수행평가에 사용하기보다는 출처를 확인하고 자신의 생각과 아이디어로 재구성하여 사용함으로써 AI 리터러시를 실천할 수 있습니다.

AI는 이미 우리의 일상 속에서 다양하게 적용되고 있습니다. 콜센터의 AI 상담사, 관공서에서 만나는 인공지능 직원, 스마트 신호등까지 모두 AI 기술이 사용됩니다. 한국의 대표 스마트폰인 삼성의 갤럭시나 애플의 아이폰에도 AI 기술이 탑재되어 있으며, 특히 삼성은 사진 촬영 시 포즈를 추천해 주는 AI 기능까지 도입할 계획입니다. 이렇게 AI 기술이 점점 더 많은 부분에 스며들수록 우리는 그 기술을 잘못 사용해 불필요한 혼란에 빠질 수 있다는 사실을 잊지 말아야 합니다.

2023년 5월, 미국 국방부 펜타곤 인근에서 폭발이 발생했다는 AI 생성 가짜 사진이 페이스북(메타)과 트위터(X)를 통해 유포된 사건이 그 예라 할 수 있습니다. 펜타곤 내부에서 검은 연기가 치솟는 모습이 담긴 이 사진은 많은 사람을 놀라게 했지만, 결국 가짜로 판명되었습니다. 이 사건은 S&P 500 지수를 일시적으로 0.3% 하락시키는 등 세계 경제에까지 영향을 미친 유례없는 일이었습니다. 이처럼 AI 리터러시는 AI 기술의 단순한 이해와 사용하는 범위를 넘어섭니다. AI 리터러시 능력은 안전한 AI 세상을 여는 핵심 요소입니다.

미디어 리터러시는 정보를 비판적으로 바라보는 안목을 키워주고, 디지털 리터러시는 그 정보를 안전하게 활용하는 방법을 제공합니다. 데이터 리터러시는 정량적·정성적 데이터를 분석해 더 나은 결정을 내리는 데 도움을 주며, AI 리터러시는 AI의 판단과 추천을 비판적으로 분석할 수 있는 사고력을 길러줍니다.

오늘날의 디지털 세상에서는 가짜 정보에 진짜가 가려지고, 디지털 기기에 몰입해 현실을 놓치며, 숫자 데이터에 매몰되어 중요한 잠재력을 보지 못하는 일이 많습니다. 또한 편향된 정보 때문에 다양한 관점을 잃게 되어 왜곡된 매트릭스에 갇히기 쉽습니다. 이 왜곡된 매트릭스에서 벗어나 진실을 보기 위해서는 MDDAI 리터러시 능력이 필요합니다. 이것이야말로 디지털 시대를 현명하게 살아가기 위한 핵심 능력임을 잊지 말아야 합니다.

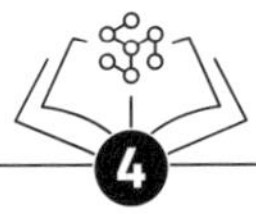

알고리즘은 어디로 나를 인도할까?

'알고리즘'이란 어떤 문제를 해결하기 위한 단계적 절차나 규칙을 말합니다. 비록 컴퓨터 영역에서 주로 쓰이는 용어이긴 하지만, 그 의미는 다른 분야에서도 간혹 사용되곤 합니다. 알고리즘을 검색에 적용하면 검색 알고리즘이 되고, 맞춤형 추천 시스템에 적용하면 추천 알고리즘이 됩니다. 알고리즘은 인터넷 검색이나 SNS 플랫폼을 통해 우리 일상에 깊숙이 자리 잡았으며, 이제는 누구나 익숙한 단어가 되었습니다.

10대 청소년들이 가장 쉽게 접할 수 있는 알고리즘 경험은 바로 유튜브입니다. 유튜브를 사용할 때, 우리가 좋아할 만한 영상을 추천받으면 종종 '알고리즘이 나를 인도했다'라는 표현을 사용하곤 합니다. 그렇다면 유튜브는 어떻게 우리가 좋아할 만한 영상을 정확히 찾아서 추천할 수 있을까요? 이는 알고리즘이 방대한 양의 데이터를 분석하여 우리의 취향과 관심사를 파악한 후, 그에 맞는 콘텐츠를 맞춤형으로 제공하기 때문입니다.

예를 들어 온라인 쇼핑몰에서 특정 상품을 검색하면 비슷한 상품들이 자동으로 추천되거나, 음악 스트리밍 서비스에서는 우리가 좋아하는 아티스트나 장르를 바탕으로 새로운 음악을 추천해 주는 경험을 해본 적이 있을 것입니다. 이러한 알고리즘 덕분에 우리는 자신이 좋아하는 장르의 음악뿐만 아니라, 새롭지만 취향에 맞는 음악까지 자연스럽게 접하게 됩니다. 이처럼 알고리즘은 우리가 원하는 정보를 빠르게 찾아 주고, 새로운 취향이나 관심사를 발견하는 데에도 큰 도움을 줍니다.

또한 알고리즘은 단순히 정보를 제공하는 것 이상으로 검색 등의 불필요한 과정을 생략하게 도와주고, 결정과 선택의 시간을 줄여줍니다. 우리가 찾아보고 고민해야 할 시간과 선택의 부담을 덜어 주며, 더욱 편리한 디지털 경험을 제공합니다. 이렇듯 알고리즘은 우리의 일상을 더욱 효율적이고 즐겁게 만들어 주는 신통방통한 노구입니다.

알고리즘의 편향성

알고리즘은 사용자에게 편리함을 제공하지만, 그 이면에는 어두운 그림자도 존재합니다. 그 대표적인 예가 바로 '필터 버블Filter Bubble' 현상입니다. '필터 버블'이란 추천 알고리즘에 의해 발생하는 정보 편식 현상으로, 사용자의 데이터를 분석하여 사용자가 좋아할 만한 정보만 제한적으로 제공함으로써 특정 정보에 갇히게 하는 것을 말합니다.

알고리즘은 사용자의 과거 행동과 선호도를 기반으로 콘텐츠를 추천하기 때문에 우리가 관심을 갖거나 선호하는 콘텐츠 위주로 접하게 합니다. 이로 인해 시간을 절약하고 내가 원하는 정보를 빠르게 찾을 수 있다는 장점이 있지만, 반대로 다양한 관점이나 새로운 정보를 접할 기회가 점점 줄어듭니다. 결국 한쪽으로 치우친 정보만을 소비하게 되는 정보의 편식 현상이 발생하는 것이죠.

필터 버블은 다양한 정보를 접할 기회를 막고 정보를 특정 부분으로 블록화시키기 때문에 우리의 시야를 좁게 만들고 편견을 강화합니다. 예를 들어 사회적 이슈에 대해 한쪽 입장만 지속해서 보고 듣는다면 다른 입장이나 의견은 자연스레 무시되거나 부정하게 됩니다. 이런 현상이 계속되면 사고의 폭이 좁아지고, 다양성을 수용하고 공감하는 능력이 현격히 떨어지게 됩니다. 더 나아가 왜곡된 판단 기준을 갖게 되면서 가짜 뉴스나 잘못된 정보에 노출될 가능성도 커집니다. 이는 특히 청소년에게 위험한 요소입니다. MDDAI 리터러시 능력과 비판적 사고가 필수적인 이유입니다.

특히 생성형 AI의 등장으로 이러한 알고리즘 편향성이 더욱 두드러지고 있습니다. 2024년에 발행된 KPF 미디어 브리프에서는 생성형 AI 기술이 정치적 편향성을 가질 수 있다는 연구 결과를 발표했습니다. 연구에 따르면, 챗GPT, 구글 바드(현재 제미나이), 메타의 LLaMA 같은 차세대 AI 서비스들은 각기 학습한 데이터에 따라 특정 정치적 성향을 보일 수 있다는 것입니다. 예를 들어 챗GPT는 미국 민주당이나 브라질 룰라 대통령처럼 진보 성향에 가까운 답변을 주로 제공하는 경향이 있는 반면, 메타의 LLaMA는 보수적 성향을

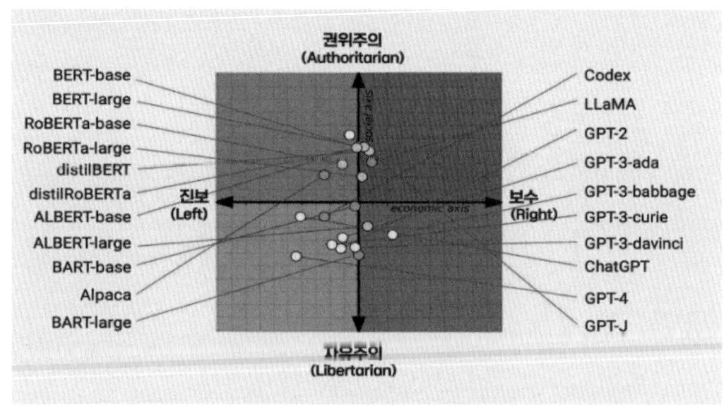

생성형 AI의 정치 편향성 분석 결과

보인다는 것입니다.

결국, 디지털 세상에서 편향된 정보에 갇히지 않으려면 알고리즘이 제공하는 정보를 절대 맹목적으로 받아들여서는 안 되며, 반드시 비판적인 시각을 유지해야 합니다. AI 알고리즘의 편향성과 정보의 블록화를 방지하기 위해서는 다음 세 가지 노력이 필수임을 기억하길 바랍니다. 첫째, 다양한 출처를 의도적으로 찾아보며 여러 관점을 비교해야 합니다. 스스로를 한쪽 시각에 가두지 않겠다는 비판적 사고를 유지하세요. 둘째, 추천된 콘텐츠에 안주하지 않고 적극적으로 새로운 주제나 관심사를 탐색해야 합니다. 알고리즘이 제시해 주는 내용에서 벗어나 주도적으로 정보를 확장하려는 의식이 중요합니다. 마지막으로, 비판적인 사고를 통해 정보의 진위와 편향성을 철저히 분석하고 파악하려는 자세를 갖추세요. 이러한 노력이야말로 우리가 알고리즘의 왜곡된 힘에 맞서고, 그 정보를 나의 발전에 어떻게 활용할지를 스스로 결정할 수 있는 힘을 길러주는 근본적인 요소임을 잊지 말아야 합니다.

디지털 세상에서 나를 지키는 습관

1

개성 있는 독서 생활: 텍스트가 힙하다

과거에는 책하면 '마음의 양식'을 떠올렸습니다. 이 표현은 오늘날에는 다소 식상하게 들릴 수 있지만, 책이 우리의 마음을 풍성하게 해 주는 소중한 존재인 것은 부인할 수 없는 사실입니다. 가을이 되면 '말이 살찌고 하늘이 높아진다'는 '천고마비天高馬肥'는 실생활에서 빠질 수 없는 사자성어였고, 사색과 마음의 양식인 독서를 최고의 취미로 삼았습니다. 그 당시 책 사이사이에 떨어진 노란 은행잎과 빨간 단풍잎을 끼워 넣기도 했습니다. 어쩌다 잊곤 했던 메시지 적힌 낙엽을 찾게 되면 보물을 찾은 듯 감성에 젖어 들곤 했죠. 책을 선물한다는 것은 마음의 양식을 선물하는 것이었고, 지식을 선물하는 것이었으며, 깊은 마음을 전달하는 것을 의미하던 때가 있었습니다.

하지만 디지털 시대가 도래하면서 종이책 대신 전자책ebook이나 오디오북을 읽고 듣는 것이 보편화되었습니다. 전자책은 휴대가 간편하고 이동성이 뛰어나죠. 요즘은 전문가가 쉽게 설명해 주는 도슨트북, 텍스트 이미지, 음향으로 구성된 영상형 오브제북, 내용을 요약한 대화형 톡북도 등장하면서 독서 방식 선택의 폭이 넓어져 짧은 시간에 책 한 권 읽는 것이 그리 어려운 일이 아닙니다.

이런 디지털 독서 시대에도 최근 Z세대들이 책에 대한 사랑을 보여 주며 '텍스트힙'이라는 새로운 독서 문화를 만들어 가고 있습니다. 책을 읽고 필사 노트를 작성하는 등 Z세대들 사이에서 '책 읽기'가 차별화된 힙한 취미로 자리 잡은 것입니다. 유명 연예인들의 독서 사진과 함께 더욱 부상하게 된 이 텍스트힙 문화는 젊은 세대에게 새로운 매력으로 다가와 독서가 단순한 지식 습득을 넘어서 자신만의 개성을 표현하는 문화로 발전하고 있는 것입니다.

Z세대가 독서를 선택한 이유

Z세대는 자신만의 특별함을 찾고, 그것을 문화로 만들어 가는 것을 즐깁니다. 이들이 아날로그 독서를 선택하는 이유는 디지털

문화에서 찾기 힘든 신선함과 독특함을 차별화된 개성으로 느끼기 때문입니다. 과거 Z세대에게 독서는 다소 지루하고 고루한 취미로 여겨졌지만, 오늘날의 독서는 지적 호기심을 자극하고 특별한 취향을 드러내는 방법으로 인식됩니다. 이는 Z세대들이 자신을 드러내고자 하는 '있어빌리티(있어+ability, 소셜 미디어를 통해 그럴듯하게 꾸며진 사진으로 자신을 과시하는 행위를 이르는 말)' 성향이 그대로 드러났다고 볼 수 있습니다.

Z세대가 텍스트힙 문화에 빠지게 된 또 다른 이유가 있습니다. 그건 바로 앞서 언급했던 디지털 피로감과 빠른 변화에 대한 반발심과 관련이 있습니다. 지난 10년간 급격한 변화 속에서 아날로그 세상은 디지털 세상으로 전환되었고, 4차 산업혁명과 스마트폰 등의 기술 발전으로 아날로그 시대에서는 얻지 못했던 빠르고 흥미로움이 가득한 편리한 삶을 경험하게 되었습니다. 하지만 코로나19로 인해 의도치 않게 고립된 온라인 생활을 이어 가면서 디지털 세상의 편리함 뒤에 숨겨진 불편함을 깨닫게 되었습니다. 보이스 피싱, 스팸 문자, 가짜 뉴스, 딥페이크 등 디지털 위험 요소에 노출되면서 빠른 발전과 변화에 흥미를 가지면서도 동시에 우후죽순 쏟아지는 디지털 콘텐츠에 피로감과 무력감을 느낀 것입니다.

이러한 흐름 속에서 Z세대는 느림과 힐링을 찾기 시작하고, 그 결과 아날로그 독서를 통한 '슬로우Slow 힐링 문화'가 부상하고 있는 것입니다.

Z세대의 이러한 변화는 '#텍스트힙 #책멍 #책덕후 #책투어' 같은 키워드로 표현됩니다. 2024년 6월에 열린 서울국제도서전에서도 이러한 변화를 확인할 수 있었습니다. 이 행사에 15만 명이 넘는 역대급 인파가 몰렸고, 그중 70%가 2030 세대라는 점에서 크게 주목을 받았습니다. 2023년 국민 독서실태 조사에 따르면, 성인 10명 중 6명이 1년에 책 한 권도 읽지 않고, 성인의 연평균 독서량은 3.9권, 하루 평균 독서 시간은 18.5분에 불과한 것으로 나타났습니다. 이와 같은 성인 독서율 감소 속에서 2030 세대의 독서 열풍과 텍스트힙 문화는 매우 흥미로운 현상으로 독서 문화에 새로운 바람을 일

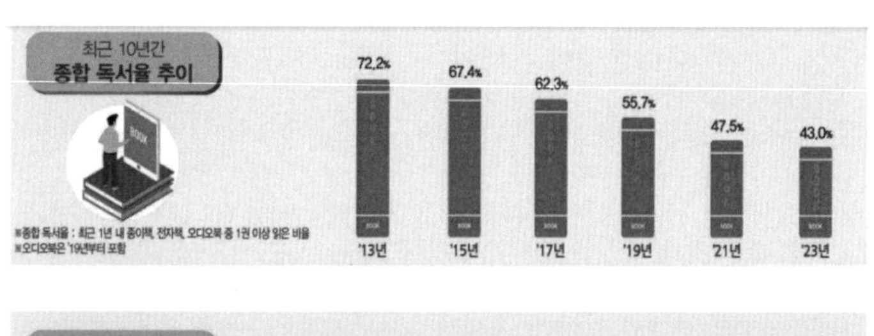

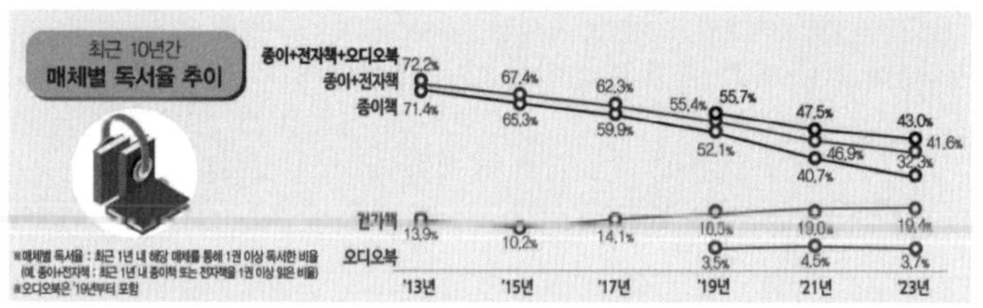

문화체육관광부가 발표한 2023년 국민 독서 실태 조사 결과

으키고 있습니다. 이러한 흐름은 디지털 시대에도 책이 여전히 중요한 마음의 양식으로 자리 잡고 있음을 보여 줍니다.

이렇게 책에 빠져드는 Z세대들의 모습은 2024년 봄부터 가을까지 서울의 여러 장소에서 자주 목격되었습니다. 청계천, 서울광장 그리고 광화문 광장 등지에서 책을 읽는 이들의 모습은 그야말로 하늘 아래 가장 아름다운 풍경 중 하나였습니다. 광화문 광장과 서울광장에서 하늘을 보며 멍하니 쉬는 '하늘멍'과 함께 책에 몰입하는 '책멍'을 즐기는 이들, 청계천에 발을 담그고 종이책을 읽는 모습은 책이 주는 꿀맛을 배로 즐기는 순간이 아니었을까요? 이러한 텍스트힙 문화는 단순히 읽기에만 그치지 않습니다. 필사, 즉 마음에 와닿는 글귀를 적거나 아예 책 전체를 노트에 옮겨 적는 행위 또한 퍼지고 있습니다. 이 문화는 젊은 세대뿐만 아니라 중장년층에서도 문해력 문제가 대두되는 상황에서 긍정적인 흐름으로 자리 잡고 있습니다.

이는 비단 우리만의 현상이 아닙니다. 2024년 2월, 영국의 《가디언》지는 '독서는 너무 섹시해: Z세대, 물리적 책과 도서관으로 전향하다'라는 제목의 기사를 통해 Z세대의 텍스트힙 문화 관련 내용을 보도했습니다. 22세 모델 카이아 거버는 독서를 사랑하는 마음을 담아 작가와의 대화를 진행하고 책을 공유하는 독서 모임인 'Library Science'를 시작했습니다. 그녀는 '독서는 내 인생의 가장 큰 사랑'이라고 말하며, 독서를 섹시한 것으로 표현했습니다.

또한 《가디언》에 따르면, 영국에서 2021년부터 2022년 사이에 판매된 책의 80%가 종이책이었다고 보도했는데, Z세대는 다양한 장르의 책을 읽고 있으며, 유명인들이 독서 문화에 동참하면서 독서는 젊은 층 사이에서 '힙한' 트렌드가 되고 있다고 전합니다.

이처럼 텍스트힙 문화는 전 세계적으로 확산 중이며, 책을 읽고 필사하는 행위가 젊은 세대의 특별한 취미로 부상하고 있습니다. 이는 디지털 시대에도 여전히 종이책의 가치와 독서의 즐거움이 존재함을 보여 주는 긍정적인 변화입니다.

Z세대인 영국 모델 카이아 거버의 독서 사랑

여전히 텍스트는 중요해

텍스트는 왜 중요할까요? 텍스트는 슬로우 힐링의 도구가 될 뿐만 아니라 깊이의 도구가 됩니다. 텍스트를 읽고 필사한다는 것은 그 텍스트가 담고 있는 단어 자체의 뜻을 이해하고 문장과 맥락을 이해하는 과정을 되뇌이게 합니다. 그 되뇌임은 바로 자신의 내면의 소리를 들으면서 인생을 이해하는 과정을 거쳐 세상에 존재하는 내가 유일한 존재임을 깨우쳐 줍니다. 속도만 느려진 것이 아니라 깊이도 깊어지는 것입니다. 한 자 한 자 적어 가는 그 과정은 한 땀 한 땀 생각의 조각을 정리하는 시간이며, 한 걸음씩 불확실한 미래로 당당히 나아갈 수 있게 하는 힘을 만듭니다. 읽는 것에 그치지 않고 필사로 나를 새기며 꿈과 의지를 일으켜 세우는 것이야말로 진정한 '텍스트힙 라이프'입니다.

그러나 대학 입시를 위해 열심히 공부해야 하는 청소년이 독서에 몰입할 시간과 여유를 찾기란 쉽지 않은 현실입니다. 하지만 독서는 학업을 더욱 효율적으로 할 수 있게 해 주는 휴식이자 주요한 정보 습득 도구입니다. 특히 생각하는 존재로서 학생들이 독서 습관을 되찾는 것은 AI가 만든 매트릭스를 명석하게 구분할 수 있는 역량을 키우는 길이기도 합니다. 비판적 사고를 할 수 있고, AI에 통제당하지 않는 유일한 필수 행동 양식으로 부활하고 있는 독서 생활이 매력적이지 않은가요? 『AI, 질문이 직업이 되는 세상』에서 설명한 독서 4단계 즉, 읽고 쓰고 사색한 후 그 깨달음을 행동으로 옮기는 단계를 실천하는 나만의 독서 생활이 이 세상에서 가장 독특하고 AI가 나를 통제할 수 없는 멋진 텍스트힙임을 잊지 말아야 합니다. 재미가 없어서 독서에 취미가 없다고요? 걱정하지 마세요. 아직 늦지 않았습니다. 지금부터 시작하면 됩니다.

Plus box

책과 친해지는 방법 10가지

1. 오랜 기간 책을 읽지 않았다고 포기하지 마라

"난 책을 안 읽어요. 난 책이 싫어요."라고 미리 단정 짓지 마라. 책을 가까이하려는 마음을 갖는다면 언제든 책을 좋아할 수 있다. 꼭 종이책이어야 할 이유는 없다. 전자책도 있고, 책 관련 SNS 채널도 많다. 일단 책에 흥미를 갖는 것이 중요하다. 그러니 지금부터 읽으면 된다. 망설이지 말고 도전하라!

2. 읽기 대신 들어라

반드시 읽을 필요는 없다. 등교하거나 하교하는 시간 혹은 기타 수행평가를 하러 버스나 지하철을 이용하거나 쉬는 시간 등을 활용하여 오디오북을 들을 수 있다. 여러 과학적 연구 결과, 오디오북 청취와 텍스트를 읽는 과정은 뇌에서 비슷한 의미 처리 과정을 거친다. 즉 오디오북을 듣는 것은 책을 읽는 것과 비슷하게 뇌를 활성화한다. 무엇보다 단순 반복적인 일을 할 때 오디오북은 매우 유용한 도구가 된다.

3. 학교 도서실에 가서 책 표지라도 구경하라

어떤 책들이 신간으로 들어왔는지 제목 쇼핑을 하는 것도 괜찮다. 제목은 책 내용을 압축한 표현이다. 제목만 훑어보는 것도 독서 생활의 시작이다. 계속 반복하다 보면 마음이 끌리는 도서도 자연스레 생긴다. 끌리는 제목이 있다면 펼쳐 봐라. 그러다가 내가 관심이 가는 소제목을 만날지는 아무도 모를 일이다. 시간이 된다면 지역 도서관의 서가에 앉아 독서를 즐기는 잔잔한 나만의 디지털 디톡스를 해 보는 것을 추천한다.

4. 책을 펼치는 습관을 들여라

책을 끝까지 읽는 것보다 매일 책을 만지고 펼치는 것이 독서 습관을 만드는 데 도움이 된다. 한 장이라도 좋다. 제목과 목차 그리고 프롤로그 정도로도 괜찮다. 매일매일 다른 책의 제목과 목차 그리고 프롤로그를 읽다 보면 점점 본문 내용에 대한 궁금증이 유발되고 한 장씩 더 나아가게 된다.

5. 좋아하는 책을 읽어라

타인의 시선을 신경 쓰지 말고, 자신의 취향에 맞는 책을 읽는 것이 중요하다. 다만 생각할 수 있는 책을 선정하라. 독서의 가장 중요한 역할은 뇌를 자극하여 생각하게 하는 것임을 잊지 마라.

6. 간결한 책부터 시작하라

초반에는 짧고 간결하게 구성된 책을 선택하는 것도 좋은 방법이다. 책을 완독할 경우 왠지 모를 뿌듯함이 생긴다. 그 작은 성취감은 독서에 대한 자신감을 쌓는 데 도움이 된다.

7. 집중할 환경을 만들어라

독서 중에는 스마트폰을 멀리 두어야 한다. 최대한 집중할 수 있는 환경을 만들어라. 더 나아가 TV를 보면서 독서를 하거나 라디오를 들으면서 독서를 하는 것도 집중을 방해할 수 있으므로 종이책 독서를 할 때는 디지털 기기에서 멀리 떨어지는 것이 좋다.

8. 책으로 자신을 둘러싸라

자신을 책으로 둘러싸는 것은 독서 습관을 기르는 데 도움이 된다. 집 곳곳에 책을 놓아두면 자연스럽게 책을 집어 들 확률이 높아진다. 눈에 잘 띄는 곳에 책을 두면 우연이라도 한 번쯤 손이 가게 마련이다. 장르에 따라 다른 책을 곳곳에 두는 방법도 있다. 책이 있는 북카페를 자주 이용하는 것도 방법이다.

9. 독서 일지를 작성하라

읽은 책과 저자, 출판사, 장르, 날짜, 장소 그리고 책에 대한 생각을 간단히 기록하는 것은 좋은 습관이다. 독서 일지뿐만 아니라 마음에 와닿는 문장에 줄을 긋거나 그날그날의 느낌을 기록하는 것도 좋다. 제시된 독서 일지 샘플을 참고하라.

10. 포기할 때를 알라

책을 읽기 시작했는데 좀처럼 흥미를 느끼지 못한다면 과감히 접어라. 무조건 끝까지 읽어야 한다는 부담감은 갖지 않는 것이 좋다. 독서란 생각의 깊이가 더해지는 즐거움을 찾기 위함이지 스트레스를 받으려는 것이 아님을 기억해라.

독서 일지 작성하기

알찬 독서 생활을 위해서 독서 일지를 작성해 볼 것을 권유합니다. 독서 일지는 책 내용을 기억함과 동시에 독서를 했을 때의 상황을 기록하는 것이기도 합니다. 책을 읽고 난 후의 감상만을 적기보다 당시의 생각을 알 수 있도록 상황을 구체화해서 표현하는 것이 시간이 흘렀을 때 나의 변화를 알고 추억을 곱씹을 수 있는 소중한 기록이 됩니다.

다음은 어느 고등학생이 실제로 작성한 독서 일지를 약간 수정한 샘플이니, 참고해 보세요.

독서 일지 샘플

날짜/요일(날씨)	2024년 0월 00일 일요일, (맑음)	책 제목	AI, 질문이 직업이 되는 세상
저자	최서연, 전상훈	출판사	미디어숲
장르	청소년 AI 진로 인문서	오늘 읽은 페이지 (장 수)	p182~p189 (4장)
독서 장소	도서관	독서 시간	오전 11시부터 (15분)
주요 내용	인공지능이 가지지 않은 인간의 가치를 높이고 나만의 특별함을 찾을 수 있는 방법을 설명한다. 사색은 나만의 특별함을 찾는 과정이며, 독서를 통해 깊이를 더할 수 있다. 독서는 읽는 것으로 끝나지 않고 사색으로 이어지며, 사색이 반드시 행동으로 이어졌을 때 진정한 통찰력을 얻을 수 있다.		
주요 키워드	인간의 가치, 나만의 특별함, 사색, 독서, 실천		
나의 생각	독서를 읽는 행위로만 생각했는데 책에서 얻은 정보와 간접 경험을 통해 사색의 깊이를 더할 수 있고 행동으로 이어져야 하는 단계가 특별했다. 나는 책을 통해 얻은 지식과 느낌을 얼마나 실천했을까?		
필사 문구	"사색은 내 안에 숨겨진 특별함과 독특함을 찾아내는 과정이다." "독서는 단순히 글을 읽는 행위를 넘어 우리 내면과의 대화를 자극하는 예술적 행위다."		
실천 계획	필사 노트를 구매해서 마음에 와닿는 문구를 필사해야겠다.		

독서 일지

날짜/요일(날씨)		책 제목	
저자		출판사	
장르		오늘 읽은 페이지 (장 수)	
독서 장소		독서 시간	
주요 내용			
주요 키워드			
나의 생각			
필사 문구			
실천 계획			

2

가짜 정보 판별 능력 기르기

생성형 AI와 같은 최신 기술들이 빠르게 발전하면서, 온라인에서 처리해야 할 데이터의 양도 급격히 증가하고 있습니다. 2023년 동아경제 뉴스에 따르면, 삼성전자는 시장조사기관 IDC IGIS의 자료를 인용해, 2025년 세계 데이터 총량이 163제타바이트ZB에 이를 것으로 예측했습니다. 참고로 1제타바이트는 1조 기가바이트에 해당하는 방대한 양입니다. 일반적으로 1기가바이트는 보통 90분에서 120분, 720p 해상도의 고화질HD 영화 한 편에 해당하는 용량입니다.

이처럼 데이터의 양은 AI 기술과 SNS의 발달로 기하급수적으로 증가하고 있으며, 이는 데이터가 현대 사회에서 중요한 자원으로 자리 잡았음을 잘 보여줍니다. 앞으로 개인과 기업 모두 이 방대한 데이터를 얼마나 효율적으로 생성하고 관리할 수 있는지가 중요한 과제가 될 것입니다. 이렇게 생성되는 무수한 정보들을 모두 진짜라고 믿을 수 있을까요? MDDAI 리터러시 설명에서 지속적으로 언급했던 부분이 가짜 뉴스입니다. 가짜 정보란 무엇일까요? 가짜 뉴스를 포함한 가짜 정보는 말 그대로 진실이 아닌 정보, 사실이 아닌 정보, 잘못된 정보 등을 의미합니다. 그래서 가짜 정보를 생성하고 유포하는 건 어떤 목적을 달성하기 위해 사람들을 속여 혼란에 빠트리고 잘못된 믿음을 심어 특정 행동을 유도하려는 의도가 있습니다. 목적에 따라 가짜 정보는 다른 얼굴을 하고 있는데 가짜 정보의 유형을 먼저 구분해 보겠습니다.

가짜 뉴스의 유형

2018년 유네스코에서 발간된《저널리즘, 가짜 뉴스와 허위정보》에 따르면, 가짜 뉴스를 크게 세 가지로 분류했습니다. 잘못된 정보Mis-information, 허위 정보Dis-information, 유해 정보Mal-information입니다. '잘못된 정보'는 진실을 왜곡하거나 조작한 정보입니다. 하지만 어떤 나쁜 의도 없이 생산 및 유포되는 정보를 말하며 언론사들의 오보 등이 이에 속합니다. 정확성이 떨어지고 더 부풀리거나 더 악화하거나 미화하는 등 잘못된 소식을 전할 때 생기는 정보들입니다. 예를 들어 친구에게서 들은 이야기를 정확하게 확인하지 않고 더 부풀려 퍼뜨리는 경우가 이에 해당합니다.

'허위 정보'는 진실이 아닌 거짓 정보를 유포해 사람들을 의도적으로 혼란에 빠트리거나 조종하려는 목적의 정보를 말합니다. 의도를 가지고 사람들을 이용하려는 점에서 잘못된 정보와 차이가 있으며 '허위 조작 정보'라고도 표현합니다. 정보의 홍수 속에서 쉽게 수집할 수 있는 정보는 조작과 위조의 원재료가 되었고, 편집 기술의 발전과 코딩이나 프로그래밍 등과 같은 전문 지식 없이도 원하는 가짜 정보를 진짜인 것처럼 만들어 낼 수 있는 딥페이크 등의 등장으로 정보의 조작과 위조가 한층 더 쉽고 간단해졌습니다.

'유해 정보'는 사실적인 내용이지만 의미의 본질을 왜곡하고 선정적인 내용으로 변형하여 사회적으로 부정적인 영향을 미치는 폭로성 정보입니다. 이른바 가십거리 뉴스가 이에 속합니다.

최근 특히 어떤 의도를 가지고 가짜 뉴스를 생성하고 유포하는 행태가 큰 사회적 문제를 일으키고 있습니다. 가짜 뉴스가 어제오늘의 일은 아니지만 극심한 사회 문제로 이슈화된 것은 뉴 미디어의 발달로 정보가 대중들에게 광속으로 유포되는 것을 차단하기 쉽지 않기 때문입니다. 전통적 미디어에서는 가짜 뉴스를 만들어 내거나 유포하는 데 한계가 있었습니다. 종이 미디어는 지면의 한계, 방송 미디어는 시간적 한계뿐만 아니라 심의규정 등 따라야 할 규범이 많아 미디어 종사자들이나 일부에게만 이 조작된 정보가 유포되었습니다. 반면에 뉴 미디어에서는 아주 쉽게 가짜 정보를 접할 수 있을 뿐만 아니라 누구나 창작자가 되어 정보를 생성하고 유포할 수 있어 더 큰 문제입니다.

《버즈피드 뉴스BuzzFeed News》의 편집장을 역임하고 현재 비영리 조사 기관인 프로퍼블리카ProPublica의 기자인 크레이그 실버먼은 디지털 허위 정보 및 미디어 조작에 대한 보도를 심도 있게 다룬 인물입니다. 그는 클릭 수를 늘리고 광고 수익을 얻기 위해 허위 정보가 생성되고 있다며 여러 차례 보도했습니다. 즉, 클릭은 조회 수가 되고 조회 수와 시청 시간은 수익 창출과 직결되는데, 신뢰할 수 있거나 권위 있는 콘텐츠보다 대중들에게 자극적이고 공유하기 쉬운 것이어야 클릭 수와 시청 시간이 늘어나는 메커니즘이 가짜 정보 생성과 관계가 크다고 보도한 것입니다.

또한 지난 2016년 《버즈피드 뉴스》는 미국 대선을 앞두고 가짜 뉴스가 실제 뉴스보다 페이스북에서 더 많은 참여를 유도한다는 분석을 발표했습니다. 알고리즘으로 작동되는 뉴 미디어에서 수익을 늘리기 위해 클릭 수를 높이기 위한 가짜 뉴스가 자주 발생하는 특성을 대중에게 적나라하게 알려 준 보도였습니다.

이처럼 우리는 가짜 뉴스의 홍수 속에서 살아가고 있습니다. 레드라인 디지털Redline Digital에 따르면 가짜 뉴스를 접한 경험이 있는 사람들 중 미국 응답자의 52%는 페이스북과 트위터 같은 플랫폼을 통해 정기적으로 가짜 뉴스를 본다고 밝혔습니다. 실제 페이스북(인스타그램)에서는 가짜 뉴스가 67%에 달하며, 일반 소셜 미디어에서는 65%, 일반 인터넷에서는 60%가 가짜 뉴스에 해당합니다. 대중매체인 인쇄 매체, 텔레비전 또는 주류 뉴스 소스와 같은 기존 미디어에서 가짜 뉴스를 본다고 보고한 응답자는 뉴 미디어에 비해 그 수가 적었습니다.

2018년 세계적인 여론 조사 기관인 입소스Ipsos에서 조사한 가짜 뉴스와 필터 버블에 관한 보고서에서도 대중매체의 가짜 뉴스와 관련하여 흥미로운 보도를 했습니다. 진짜 뉴스를 알기 전까지 가짜 뉴스를 신뢰할 만한 뉴스로 여긴 응답자의 비율 조사에서 1위와 2위인 브라질, 사우디아라비아에 이어 한국이 3위를 차지해 상당히 높은 순위에 있었습니다. 즉, 이들 국가의 국민들은 가짜 뉴스를 판별하는 데 어려움을 겪는다는 의미입니다.

그도 그럴 것이, 2024년 12월 발표된 과학기술정보통신부의 '딥페이크 가짜뉴스 대응'에 대한 대국민 설문조사에 따르면, 41.9%에 해당하는 응답자가 딥페이크 가짜뉴스를 판별할 수 없다고 밝혀 피해 예방이 절실함을 시사합니다.

가짜 정보의 구조적인 문제

쉽게 조작 가능한 딥페이크 기술을 청소년들도 사용하면서 그들이 가짜 정보를 양성하거나 피해자가 되는 일이 늘어나고 있습니다. 가짜 정보는 단순한 문제가 아닙니다. 우리가 살아가는 디지털 정보 환경에서 심각한 문제로 인식해야 합니다. 가짜 정보는 가짜라는 정보 자체의 문제도 존재하지만, 잘못된 정보가 빠르게 퍼질 수 있는 인터넷과 소셜 미디어의 구조적인 문제를 보여 주는 예이기도 합니다.

이런 디지털 환경에서는 필터 버블, 에코 챔버, 트롤링 같은 현상이 더욱 맹목적인 믿음을 가지게 만듭니다. '에코 챔버 현상'은 사람들이 자신과 비슷한 생각이나 의견만 반복적으로 듣고, 다른 관점이나 의견을 무시하게 되는 현상을 말합니다. 주로 인터넷과 소셜 미디어에서 일어나는데, 사람들이 자신이 좋아하는 정보만 찾아보고 공유하면서 서로 비슷한 의견만 듣게 됩니다. 예를 들어, 소셜 미디어나 뉴스 사이트는 사용자가 선호하는 콘텐츠를 지속적으로 제공하여, 시간이 지날수록 원래 믿고 있던 생각을 더욱 강화하는 정보만 보게 하고, 다른 의견이나 관점은 접할 기회를 줄입니다. 이 현상은 다양한 의견을 들을 기회를 제한해 특정 집단의 생각을 더욱 극단화할 수 있으며, 객관적인 정보와 다양한 시각을 이해하는 데 방해가 됩니다.

'트롤링'은 인터넷이나 소셜 미디어에서 다른 사람들을 일부러 화나게 하거나 불쾌하게 만드는 행동을 의미합니다. 트롤링을 하는 사람을 '트롤'이라고 부릅니다. 이들은 주로 논란을 일으키거나, 사람들을 놀리기 위해 공격적이거나 무례한 말을 하기도 합니다. 트롤들은 종종 익명성 뒤에 숨어 상대방을 괴롭히거나 온라인 토론장을 혼란스럽게 만듭니다. 게다가 트롤링이나 딥페이크 같은 기술은 진실을 왜곡하고 잘못된 정보를 더욱 더 많은 곳에 퍼뜨리는 데 활용된다는 것이 큰 문제입니다.

이런 문제를 해결하기 위해서는 정부, 테크 기업, 언론인 그리고 시민들이 함께 노력해야 합니다. 특히 AI와 미디어 리터러시 교육을 통해 사람들이 정보의 진위를 판단할 수 있는 능력을 기르는 것이 매우 중요합니다. 또한 알고리즘의 투명성과 사실 확인 절차를 강화해 잘못된 정보가 무분별하게 퍼지지 않도록 가이드라인 및 각 구성원 간의 프로토콜(합의)을 마련해야 합니다. 하지만 이 과정에서 검열이나 표현의 자유와 관련한 문제가 생길 수 있으므로 자유를 침해하지 않으면서도 진실을 보호하는 방법을 찾는 것이 중요합니다.

청소년 또한 이런 정책적 제도를 학습하고 SNS 활동에 있어 검증되지 않은 정보를 무차별적으로 공유하거나 맹신하는 일이 없도록 해야 합니다.

가짜 정보를 가려내는 법

개펄에 빠진 발은 쉽게 빼낼 수가 없습니다. 발을 빼려고 발버둥 치면 칠수록 더 깊이 빠져들게 됩니다. 개펄에서 쉽게 빠져나오는 방법은 일단 행동을 멈추고 구조를 요청하는 것입니다. 외부의 도움을 받아서 빠져나와야 합니다. 진짜 같은 가짜는 자극적이며 중독성이 강합니다. 그 강력한 중독성은 마치 개펄처럼 우리를 빨아들입니다. 보면 볼수록 더욱 빠져들게 하는 것이 개펄에서 발버둥 치는 것과 비슷합니다. 가짜 정보의 홍수 속에 빠진 사람이 헤쳐 나올 방법은 자신을 구조해 줄 외부의 도움, 바로 '멈춤과 앎'입니다.

정보 앞에 일단 멈추어서 진짜인지 가짜인지를 판별해야 합니다. 자세히 관찰하면 보이지 않던 것들이 보이기 시작할 것입니다. 이 정보가 신뢰할 수 있는 언론사나 공공기관에서 제공한 정보인지, 아니면 출처가 모호한 개인 블로그나 소셜 미디어에서 온 정보인지를 천천히 자세히 파악해야 합니다. 출처를 알 수 없거나 신뢰할 수 없는 경우라면 가짜일 가능성이 큽니다. 다음은 가짜 정보를 파악하기 위한 일반적이면서도 가장 효과적인 방법입니다.

1) 다른 출처 확인하고 비교하기

정보를 확인할 때는 다른 곳, 특히 공신력 있는 미디어나 채널에서도 같은 내용이 보도되었는지 살펴봐야 합니다. 만약 해당 정보의 출처가 모호한 한 곳에서만 다루고 있다면 신뢰성을 의심해 봐야 합니다. 즉, 공신력 있는 정보라면 다른 채널에서도 반드시 비슷한 내용을 다룰 것입니다.

2) 정보 생성 날짜 확인하기

정보 출처와 함께 정보가 언제 나온 것인지도 확인해 봅니다. 오래된 일을 현재 일어난 것처럼 조작할 수 있고 과거의 사진을 현재 상황인 것처럼 정보를 만들어 내거나 유포할 수 있습니다. 실제로 우크라이나 전쟁에서 예전에 일어났던 사건에 대한 사진이나 동영상을 유포하고 엉터리 정보를 퍼뜨려, 전세를 뒤집으려 시도하는 하이브리드 전략이 매우 빈번하게 사용되고 있습니다.

3) 이미지와 영상의 단서로 확인하기

딥페이크 기술을 활용하거나 혹은 간단한 편집을 통해 조작된 이미지나 영상이 가짜 정보를 퍼뜨리는 데 자주 이용됩니다. 이미지의 합성 여부를 파악하기 위해 중간에 그림자나 화질의 차이가 있는지를 파악하고, 영상일 경우 움직임이 자연스러운지, 말과 입 모양이 같은지 등을 자세히 파악해야 합니다. 또한, 공신력 있는 미디어나 다른 채널에서도 이야기하고 있는지 역으로 추적해 확인해 봅니다.

4) 관련 전문가에게 확인하기

관련 정보를 확인해 줄 수 있는 사람들에게 정보의 진위를 알아보는 과정을 거치는 것도 좋습니다. 부모나 선생님 등 가까운 사람에게 먼저 물어보는 것이 출발점이 될 수 있습니다. 정보의 종류에 따라 외부 전문가를 통해 한 번 더 확인하는 과정을 거칩니다.

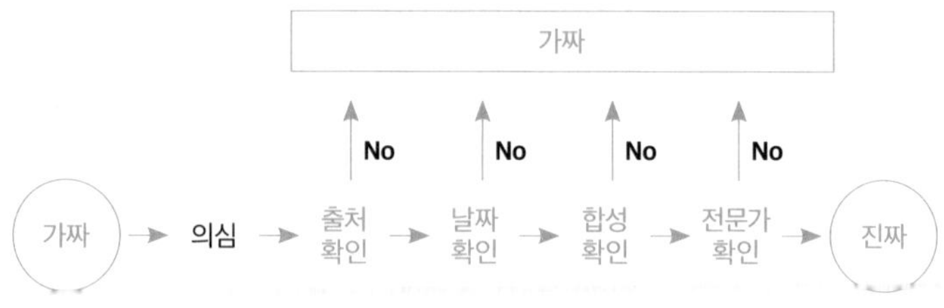

가짜 정보 판별 과정

소셜 미디어의 가짜 정보 판별법

가짜 정보는 생성 자체보다 유포가 더 쉽고 빠르며, 순식간에 퍼진다는 것이 더 큰 문제입니다. 청소년들 또한 소셜 미디어를 사용하면서 스미싱이나 스팸 이메일, 또는 DM을 통한 해킹 정보를 접할 수 있습니다. 가짜 친구 요청도 상당한 수준에 이르고 있어 소셜 미디어를 사용함으로 인해 청소년들이 가짜 친구와 관계를 맺고 가짜 정보에 속을 수도 있습니다. 이러한 문제는 청소년뿐만 아니라 성인에게도 해당합니다. 페이스북 친구의 메시지를 통해 그럴싸한 스토리를 만들어 접근한 후 금전을 요구해 큰돈을 송금한 사례도 있습니다. 워낙 시나리오가 치밀해 성인조차도 속아 넘어갑니다. 항상 접근해 오는 정보를 두세 번 확인하고, 상황을 판단한 후 거절하거나 차단하는 것이 좋습니다.

저도 소셜 미디어 활동에 있어 치밀한 상황 판단 후 거절 혹은 차단을 했음에도 불구하고 홀랑 넘어갈 뻔한 일이 있었습니다.

2024년 4월 페이스북 비즈니스를 통해 인스타그램에 광고를 게재하던 중 광고 콘텐츠가 규정을 위반했다는 이메일을 받은 적이 있습니다. 24시간 이내에 콘텐츠를 검토하고 수정하지 않으면 계정이 중지될 것이라고 경고하는 내용이었습니다. 그때 제가 해외

교육기관의 AI 관련 인포세션을 홍보 중이어서 급히 이메일에 포함된 링크(이의 제기)를 클릭하여 광고를 검토하기 시작했습니다. 아무리 살펴봐도 규정을 어길만한 내용이 없었지만, 계정이 중지될 수 있다는 경고에 불안함이 커져 이메일의 링크를 열어볼 수밖에 없었습니다. 그렇게 링크를 따라가던 중 딱 저를 멈추게 한 부분이 있었습니다. 그것은 바로 비밀번호를 입력하라는 빈칸이었습니다. '왜 비밀번호를 입력해야 하는 걸까?' 의문이 들었습니다. 일반적인 과정에서는 이런 절차가 필요하지 않습니다. 그 순간 저는 머리를 한 대 맞은 것처럼 동작을 멈추고, 조심스럽게 이메일 내용을 다시 찬찬히 살펴보았습니다. 스팸 메일임을 확신할 수 있는 근거를 발견했습니다. 발신국이 독일이었습니다. 메타는 미국 기반의 기업이

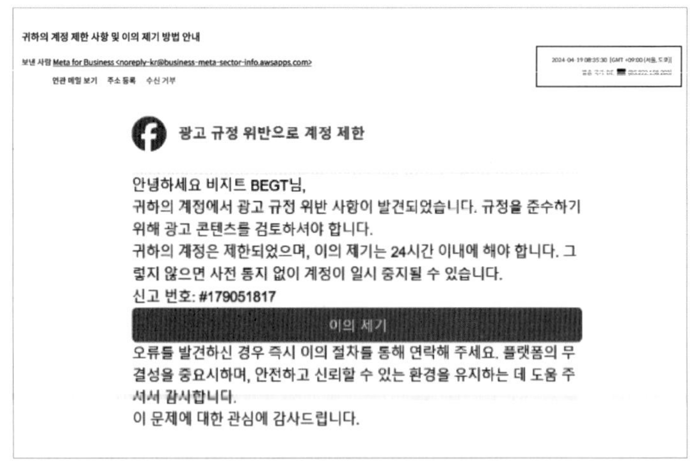

귀하의 계정 제한 사항 및 이의 제기 방법 안내

보낸 사람 Meta for Business <noreply-kr@business-meta-sector-info.awsapps.com>

연관 메일 보기 주소 등록 수신 거부

2024-04-19 08:35:30 [GMT +09:00 (서울, 도쿄)]

광고 규정 위반으로 계정 제한

안녕하세요 비지트 BEGT님,
귀하의 계정에서 광고 규정 위반 사항이 발견되었습니다. 규정을 준수하기 위해 광고 콘텐츠를 검토하셔야 합니다.
귀하의 계정은 제한되었으며, 이의 제기는 24시간 이내에 해야 합니다. 그렇지 않으면 사전 통지 없이 계정이 일시 중지될 수 있습니다.
신고 번호: #179051817

이의 제기

오류를 발견하신 경우 즉시 이의 절차를 통해 연락해 주세요. 플랫폼의 무결성을 중요시하며, 안전하고 신뢰할 수 있는 환경을 유지하는 데 도움 주셔서 감사합니다.
이 문제에 대한 관심에 감사드립니다.

실제로 받았던 스팸 메일

며 독일에서 발송된 메일은 말이 되지 않았습니다. 이 이메일은 사기꾼들이 나를 속이려고 보낸 것임을 깨닫게 되었죠. 추적을 막기 위해 서버를 해외에 둔 영락없는 사기꾼들의 만행이었습니다.

온라인 피싱 판별법

이메일과 문자, SNS 활동에서 일어날 수 있는 피싱을 판별하는 방법 7가지를 소개합니다.

1) 이메일 송신 국가 확인하기

앞의 사례처럼 이메일을 어느 나라에서 보냈는지 확인합니다. 예를 들어 네이버는 한국이 소재지이고, 인스타그램은 미국이 소재지여서 이메일을 보낸 국가와 회사의 소재지가 같아야 합니다. 그러나 사기성 이메일은 서버를 타국에 두어 운영하므로 본래의 소재지와는 전혀 다른 국가로부터 이메일이 발송됩니다(단, 사용하는 이메일의 종류에 따라 송신 국가가 안 보일 수 있음).

2) 링크된 URL 주소 확인하기

신뢰 있는 URL 주소인지 확인합니다. 국내외의 기업일 경우는 보편적으로 '.com'이 많고, 한국에서는 '.co.kr', '.net', 정부 기관 및 단체는 '.go.kr', '.or.kr', '.gov', '.org'를 많이 쓰며 교육기관은 '.edu', '.ac.kr' 등이 공식적인 URL 주소입니다. 2025년부터는 한국인터넷진흥원에서 AI와 IT 그리고 미디어 등을 위한 새로운 인터넷 주소가 등록됩니다. AI의 의미를 나타내는 '.ai.kr', 인풋과 아웃풋 혹은 디지털(101010)의 의미를 담은 '.io.kr', IT 혹은 잇템(쇼핑몰 인기상품)의 의미를 담은 '.it.kr', 미디어와 메디컬 등의 의미가 담긴 '.me.kr' 입니다.

3) 이메일 주소 확인하기

이메일 주소가 공신된 URL이 맞는지 확인하고, @ 다음에 오는 주소가 무의미하게 길다면 의심해야 합니다. 이메일 내용 안에 공유된 링크는 절대로 클릭하지 말아야 합니다.

4) 비밀번호 요청하면 멈추기

비밀번호나 개인정보를 요구하면 무조건 멈추어야 합니다. 반드시 오프라인 수단을 통해 거듭해서 확인한 후 진행합니다.

5) 게시물의 댓글과 활동 내역 확인하기

소셜 미디어 계정에서 친구 요청이 올 때 게시물의 수, 친구 수, 어떤 사람들이 친구인지를 보고 게시물에 달린 댓글과 게시물 외에 스토리 등 활동이 정상적인지 확인하고 친구 요청을 승인해야 합니다.

6) 검증된 계정인지 확인하기

인스타그램 등 소셜 미디어에서는 파란색 마크를 활용해 실제 계정인지 확인하는 기능이 있습니다. 만약 그 마크가 없다면 일단 의심해야 합니다.

7) 애매한 링크가 있다면 일단 멈추기

발신자와 내용을 찬찬히 다시 확인합니다. 문자일 경우 링크가 걸려 오는 경우가 대다수입니다. 개인정보를 훔치려는 해킹 링크이거나 컴퓨터 바이러스일 가능성이 높습니다. 만약 생일파티, 행사 등 나와 관련 있는 내용으로 링크가 왔다면 링크를 클릭하기 전에 직접 통화를 해보길 바랍니다.

<온라인 피싱 판별법>

구분	확인 사항	내용
1	국적 확인	이메일을 보낸 국가와 상대의 실제 소재 국가를 비교(네이버는 한국 소재, 인스타그램은 미국 소재)
2	URL 확인	'.com', '.co.kr', '.or.kr', '.net', '.gov', '.org', '.edu', '.ac.kr', '.ai.kr', '.it.kr', 'io.kr', '.me.kr'
3	이메일 주소 확인	무의미하게 길면 일단 의심하기
4	비밀번호 요청 확인	비밀번호, 개인정보 요청 시 무조건 멈춘다
5	게시물 댓글과 활동 내역 확인	친구 요청 시 게시물, 댓글, 친구 내역 등 확인
6	검증된 계정 확인	파란색 마크 등 확인
7	이메일, DM 혹은 문자	첨부된 링크는 절대 클릭하지 않고 내용에 따라 상대와 직접 통화한다

최고의 판별법은 의심

가짜 정보를 판별하는 최고의 방법은 '의심'입니다. 어떤 정보를 접했을 때, 먼저 그 신뢰성을 의심하고 거짓일 가능성을 고려하는 것이 중요합니다. 의심을 통해 잠시 멈추고, 정보를 면밀히 들여다보며 분석할 수 있기 때문입니다. 비판적 사고는 제공된 정보의 신뢰성에 의문을 갖는 것에서부터 시작됩니다. 정보가 왜, 어떻게 만들어졌는지 생각하고, 이 정보가 정말 신뢰할 만한지, 출처는 믿을 수 있는지를 스스로 질문해야 합니다. 이러한 과정을 통해 정보의 진위를 가리고, 건강한 디지털 생활을 해 나갈 수 있는 초석을 마련할 수 있습니다.

가짜 정보는 우리가 매일 접하는 정보 속에 숨어 있음을 기억해야 합니다. 특히, 사람들의 오감을 자극하는 중독성 있는 내용이라면 더욱 가짜 정보일 가능성이 높습니다. 그 가짜 정보로 인해 내가 잘못된 사고나 행동을 할 수 있고, 그로 인해 때론 법적·윤리적 문제가 발생할 수도 있습니다. 무엇보다 내가 피해자가 아닌 가짜 정보를 생산하고 유포하는 주인공이 될 수 있음도 기억해야 합니다. 그래서 모든 정보에 대해 의심하고 멈추는 행위를 이어가야 하며, 가짜 정보일 수 있다는 큰 그림 안에서 확인을 시작하세요. 가짜 정보에 속지 않고 진실을 찾는 능력을 갖추어야 가짜가 판치는 정보의 홍수 속에서 진짜를 구분할 수 있음을 잊지 말아야 합니다.

3

디지털 공간에서의 예절과 책임

2023년 7월 미국의 홈제품 리뷰 전문 기관인 리뷰스Reviews에서 18세 이상 미국인을 대상으로 스마트폰 사용 습관을 조사했습니다. 그 결과, 응답자의 56.9%가 자신이 스마트폰에 중독되었다고 답했으며, 평균적으로 하루에 144번이나 스마트폰을 확인하는 것으로 나타났습니다. 또한 응답자 중 89%는 아침에 눈을 뜬 지 10분 이내에 스마트폰을 확인하고, 하루 평균 4시간 25분을 스마트폰 사용에 할애하고 있었습니다. 이는 하루 중 개인이 자유롭게 활용할 수 있는 시간의 절반을 스마트폰에 소비하고 있다는 의미입니다. 이로 인해 스마트폰은 마치 성인용 '공갈 젖꼭지'와 같은 존재가 되었습니다.

이 통계가 보여 주듯, 우리는 이제 스마트폰이나 디지털 기기가 없는 삶을 상상하기 어렵습니다. 원래 자유로워야 할 휴식 시간도 스마트폰과 연결되면서 선택적이고 의무적인 행위로 변했습니다. 중요한 일과 덜 중요한 일 사이에서 선택해야 하며, 매 순간 스마트폰을 확인하려는 충동을 제어해야 하는 상황이 된 것입니다. 많은 사람이 업무, 대인관계, 학습, 식사, 심지어 샤워 중에도 스마트폰을 손에서 놓지 않습니다. 어떤 활동을 하든 머릿속에는 항상 스마트폰을 통해 확인하고 싶은 충동이 자리 잡은 것입니다.

미국 경제 전문지《포브스》에서는 스탠퍼드 대학의 연구를 인용하여 '멀티태스킹이 뇌와 경력에 미치는 영향'을 보도했습니다. 연구에 따르면 자주 멀티태스킹을 하는 사람들은 생각을 정리하고 불필요한 정보를 거르는 데 어려움을 겪으며, 한 작업에서 다른 작업으로 전환하는 속도가 느리다고 합니다. 뇌는 한 번에 한 가지 일에만 집중할 수 있는 구조이기 때문에 멀티태스킹은 오히려 효율성과 성과를 떨어뜨립니다. 즉, 동시에 두 가지 일을 하려고 할 때 두 작업 모두 성공적으로 수행하는 것은 어렵다는 결론입니다.

디지털 세상은 덜 중요한 것과 더 중요한 것, 당장 해야 할 일과 잠시 멈춰야 할 일을 구분하기 어렵게 만들어 우리의 집중을 방해

합니다. 결과적으로 뇌는 쉴 틈 없이 혹사당하게 되고, 충분한 휴식을 취하지 못하게 됩니다. 이런 상황이 지속되면 결국 집중력이 현저히 떨어지고, 신체와 정신 건강에 악영향을 미칠 수밖에 없습니다.

디지털 시대에 가장 중요한 것은 나 자신의 건강과 균형을 지키는 것입니다. 스스로에게 "오늘은 충분히 쉬었는가?"라고 묻고, 충분한 휴식을 취하며 뇌와 몸에 달콤한 잠을 선물하는 것, 바로 이것이 디지털 세상에서 우리가 가장 먼저 지켜야 할 예절과 책임일 것입니다.

타인을 위한 배려

학창 시절, "만약 집에 불이 나서 단 하나의 물건만 가지고 나올 수 있다면 무엇을 선택할 것인가?"라는 질문이 사고력을 키우기 위한 질문으로 자주 활용되었습니다. 당시 학생들은 일기장이나 추억이 담긴 앨범을 주로 얘기했으며, 때로는 모아 둔 용돈이 든 돼지저금통이나 오래된 인형을 선택하는 학생들도 있었습니다. 이는 추억과 기억을 소중히 여기는 아날로그 시대의 감성을 보여 주는 사례라 할 수 있습니다.

오늘날 같은 질문을 한다면 대부분 스마트폰을 선택할 가능성이 큽니다. 스마트폰에는 일기장과 사진첩, 은행 정보, 책, 교통카드까지 모든 것이 담겨 있어 손바닥만 한 기기에 삶의 많은 부분이 저장되어 있습니다. 아날로그 시대에는 불가능했던 것들이 디지털 환경 덕분에, 스마트폰은 소중한 기억의 상당 부분을 품고 있습니다.

스마트폰은 단순히 정보를 담고 있는 것을 넘어 가족, 친구, 동료와 소통하는 소셜 미디어와 커뮤니티가 존재하는 중요한 공간이기도 합니다. 인터넷상의 디지털 공간이지만 사람들 간의 관계가 형성되는 공동체인 만큼 이곳에서도 예절과 책임이 요구됩니다. 식당이나 영화관 같은 공공장소에서 지켜야 하는 에티켓이 존재하듯, 디지털 공간에서도 서로의 관계를 존중하고 책임 있는 행동을 하는 것이 필요합니다.

이와 같은 배려가 없다면 사이버 폭력과 같은 문제가 발생할 수 있습니다. '사이버 폭력'이란 온라인에서 타인을 괴롭히거나 모욕하는 행위로, 주로 소셜 미디어, 채팅 앱, 게임 등에서 발생하며 메시지, 사진, 동영상 등으로 상대를 비난하거나 악의적인 소문을 퍼뜨리는 방식으로 나타납니다. 익명성이 보장되는 인터넷 특성상 이런 행위가 더 쉽게 이루어질 수 있으며, 이로 인해 피해자가 심각한 고통을 겪는 일도 많습니다.

한국청소년정책연구원의 '미디어 속 학교폭력 양상 분석을 통한 학교폭력 예방 및 대응 방안 도출' 보고서에 따르면 5명 중의 1명은 온라인 괴롭힘을 가한 경험이 있고 가해 대상의 3분의 1에 해당하는 32.8%가 '친구'였습니다. 바로 옆에 있는 친구가 피해를 입는 것은 여러분들에게도 괴로운 일입니다. 친구와의 우정은 학창 시절 가질 수 있는 가장 큰 보석입니다. 그 보석을 깨트리지 않고 간직해 나가는 길이 곧 여러분들에겐 가장 큰 윤리적인 행동임을 기억해야 합니다.

사이버 폭력을 예방하려면 앞에서 언급한 'MDDAI 리터러시 교육'이 선행되어야 합니다. 그중에서도 디지털 리터러시 교육은 청소년이 디지털 기기를 사용하며 온라인 활동을 할 때 예의를 지키고 타인을 배려하는 방법을 배우는 데 큰 도움이 됩니다. 또한 소셜 미디어나 온라인 게임 등에서 개인정보를 함부로 공유하지 않고, 안전한 온라인 활동을 유지하는 것도 사이버 폭력 예방을 위한 리터러시 교육의 중요한 부분입니다.

특히 디지털 공간에서 지켜야 할 에티켓, 즉 '넷티켓Netiquette'을 통해 10대 청소년들은 스마트폰을 사용하는 디지털 환경에서도 올바른 예절을 실천할 수 있습니다. 넷티켓의 기본 원칙으로, 청소년들이 반드시 지켜야 할 온라인 예절은 다음과 같습니다.

1) 존중과 배려

인터넷에서는 얼굴을 직접 볼 수 없고 실명이 아닌 아이디나 닉네임을 사용하기 때문에 익명성이 보장되어 누가 누구인지 알 수가 없습니다. 어떤 말을 하고 어떤 행동을 하더라도 내가 누군지 알 수 없다고 착각해 상대의 감정이나 기분을 배려하지 않은 대화를 이어가기도 합니다. 단체 대화가 아닌 개인 대화의 댓글을 달 때나 메시지를 보낼 때도 신중할 필요가 있습니다. 여기서 기억해야 할 것은 디지털 공간은 모든 흔적이 남는다는 점입니다. 다른 닉네임을 사용했더라도 내가 누구인지 알 수 있다는 것을 청소년들은 알아야 합니다.

2) 신중한 언어 사용

얼굴을 마주 보고 대화할 경우 말 외에도 표정이나 몸짓으로 의사를 전달할 수 있어 진정성을 증폭시킬 수 있지만, 텍스트만으로는 오해를 살 때가 많습니다. 특히 다툼이 있거나 분쟁이 있어 감정이 격해질 경우 내 의사와는 상관없이 비난하거나 상처 주는 말을 쉽게 내뱉을 수 있어 상대를 더욱 오해하게 만듭니다. 불필요한 감정 표현은 삼가고, 필요할 경우 오프라인 만남을 통해 대화를 나누는 것이 좋습니다.

3) 사생활 존중하기

쉽게 얻은 정보는 쉽게 유포되는 경향이 있습니다. 나에게는 별거 아닌 거 같지만, 상대에게는 공개하고 싶지 않은 개인 생활일 수 있습니다. 특히 개인적으로 얻은 정보를 다른 사람들에게 유포하지 않도록 합니다. 얼굴을 맞대고 만나는 경우는 몇 안 되지만 단톡방일 경우는 한 번의 말로 순식간에 몇십 명, 몇백 명에게 내용이 전해집니다. 그만큼 사생활과 관련된 정보라면 나를 포함한 친구들 이야기도 쉽게 공개하는 일을 삼가야 합니다.

4) 저작권과 같은 디지털 권리 침해 책임

인터넷에서 떠돌거나 공유되는 사진이나, 글, 영상은 모두 누군가의 저작물입니다. 무단으로 사용하거나 복사해서 유포하는 행동은 법적으로 문제가 될 수 있습니다. 타인의 창작물을 사용할 때는 출처를 명확히 밝히고 저작권자의 허락을 받아야 합니다.

위와 같은 넷티켓이 지켜지지 않는다면 디지털 공간은 위험한 곳으로 변할 수 있습니다. 반대로 이러한 기본적인 예절과 규칙이 잘 지켜진다면, 디지털 공간은 누구나 창의적인 아이디어를 자유롭게 표현할 수 있는 무대가 될 수 있습니다. 그림을 그리거나, 글을 쓰고, 동영상을 제작하는 등 각자의 재능을 마음껏 펼칠 수 있는 무한한 가능성의 장이 되는 것입니다.

이 공간이 안전하고 긍정적인 곳으로 유지되려면, 각각의 개인이 함께 활동하고 있음을 항상 기억하고 예의와 책임 있는 행동이 절대적으로 필요합니다. 다양한 사람들이 함께 살아가는 공간인 만큼 서로의 다양성을 존중하고 각자의 인격을 인정하며, 규칙과 예절을 스스로 지키는 자기 통제가 이루어질 때 건강한 디지털 환경이 유지될 수 있습니다. 이를 통해 서로를 존중하며 더불어 살아가는 사회의 소중한 가치를 이어 나갈 수 있기를 바랍니다.

4

나를 위한 디지털 디톡스

2000년대 초반 인터넷 문화가 확산되고 온라인 게임이 유행하면서 '폐인'이라는 단어가 자주 사용되었습니다. '폐인'이란 인터넷이나 게임에 중독되어 사회생활이 어려워지고 신체적으로도 심한 손상을 입은 사람을 일컫습니다. 이후에는 단순히 게임뿐만 아니라 업무로 인해 밤을 새우거나 극도로 피로한 상태를 표현하는 말로도 쓰이게 되었습니다.

당시에는 하루 10시간 이상 온라인 게임을 하다 사망하는 사고도 발생했습니다. 게임에 몰입한 나머지 잠과 식사를 거르며 건강이 악화하여 결국 목숨까지 잃어버린 안타까운 사건이었습니다. 자신의 피로를 자각하지 못하는 것이었죠.

이로 인해 세계보건기구WHO는 2019년에 '게임이용장애'를 정식 질병으로 분류하고 이에 대한 질병코드를 부여했습니다. 한국도 2025년까지 이를 받아들일지를 결정할 예정입니다.

2024년 1월 삼성서울병원 정신건강의학과 최정석 교수 연구팀은 인터넷 게임이 뇌의 인지기능과 감정처리 능력에 부정적인 영향을 줄 수 있다는 연구 결과를 발표했습니다. 이러한 연구가 없어도, 온라인 게임이나 소셜 미디어 영상에 몰두하다 보면 현재 해야 할 일을 잊어버리는 경험을 해 본 적이 있어 쉽게 이해할 수 있습니다. 책을 보며 공부할 때는 시간이 천천히 가는 것 같지만, 재미있는 영상을 볼 때 시간 가는 줄 몰랐던 경험은 많은 이가 공감할 것입니다. 이로 인해 중요한 일을 미루거나 끝내지 못하는 경우도 발생하죠. 스마트폰이 공부에 방해된다는 부모님의 조언이 귀에 잘 들어올 리가 없습니다.

특히, 알람이 울리면 집중하던 일을 멈추고 스마트폰을 확인할 때가 빈번합니다. 인스타그램에 올린 사진이나 영상에 달린 댓글이나 '좋아요'가 얼마나 늘었는지 궁금하기 때문입니다. '좋아요' 수와 댓글은 청소년들 사이에서 '인싸'와 '아싸'를 구분하는 요소로 작용하기도 해 신경을 쓰지 않을 수 없습니다. 친구들의 반응을 확인하는 알람은 마치 청량음료처럼 짜릿하게 느껴져, 알람이 울릴 때마다 즉각 반응하여 댓글을 확인하고 대댓글을 다느라, 집중하던 일은 어느새 머릿속에서 지워집니다. 반대로 댓글이 없을 때는 실망감에 스마트폰을 반복해서 확인하는 습관을 보이기도 합니다. 미국의 10대들은 한 가지 일에 65초 이상 집중하지 못한다는 조사결과도 있습니다.

이러한 스마트폰 사용 습관은 10대들의 학업에 방해가 되는 요소로 작용할 수밖에 없습니다. 더 나아가 이러한 행동 패턴이 청소년 시기에 굳어진다면, 미래를 준비하고 꿈을 고민할 중요한 시간을 잃게 될 위험도 큽니다. 이로 인해 자칫 평생 어려운 삶을 살아갈 수도 있다는 점을 인식해야 합니다. 자기 삶의 주도권을 갖고 소중한 자신만의 시간을 확보하기 위해 디지털 디톡스를 실천해야 할 때입니다.

나만의 특별함을 찾는 시간

세계적으로 유명한 화가 반 고흐는 1888년 파리에서 2년간 대도시의 혼잡함에 지친 끝에 자신만의 안식처를 찾아 프랑스 남부의 작은 마을 아를에 정착했습니다. 오늘날 우리가 디지털 화면과 소음에서 벗어나 평온과 영감을 찾고자 하는 것처럼, 반 고흐 역시 도시의 복잡함을 떠나 맑은 빛과 푸른 하늘, 생동감 있는 색채를 갈망

했습니다. 그는 아를에서 자연의 아름다움을 발견하며 단 15개월 만에 약 300여 점의 작품을 완성했습니다. 이 시기에 그의 대표작인 〈해바라기〉, 〈노란 집〉, 〈아를의 침실〉 등이 탄생했으며, 이는 현대의 '디지털 디톡스'처럼 문명의 번잡함에서 벗어나 예술적 재충전을 한 '문명 디톡스'를 한 결과이기도 했습니다.

비슷한 경험으로, 저는 스마트폰 없이 일주일을 보낸 적이 있습니다. 사찰에서 묵언 수행을 하던 중 스마트폰을 사용하지 못하게 되었는데, 처음에는 메시지나 전화가 궁금해 참기가 어려웠습니다. 그러나 이틀 정도 지나자 궁금증은 사라지고, 그동안 보이지 않던 작은 풀벌레와 꽃에 날아드는 벌, 자갈 틈새의 잡초와 하늘의 초승달이 눈에 들어왔습니다. 심지어 아주 작은 모깃소리와 밤하늘

자연에서 실천하는 디지털 디톡스

의 별들이 반짝이며 대화하는 소리까지 들리는 듯했습니다.

손에는 스마트폰 대신 작은 나뭇가지를 들고 있었고, 그 나뭇가지로 땅에 글을 쓰고 그림을 그리며 자연을 느꼈습니다. 사진으로 담지 않았지만 모든 순간을 눈과 마음에 깊이 새겼고, 주변의 향기는 그야말로 달콤한 꿀 향기처럼 느껴졌습니다. 이러한 시간은 온전히 자신에게 집중하고 사람과 자연이 함께하는 시간이었습니다. 눈과 마음은 맑아지고 머릿속의 불필요한 정보들이 정리되는 듯한 느낌이었습니다. 스마트폰을 잠시 내려놓고 자연 속에서 자신을 찾는 시간은 나를 새롭게 발견하는 소중한 기회였으며, 오롯이 나에게 집중하게 되면서 비로소 몰랐던 나 자신과 만날 수 있었습니다.

여러분들이 공부에 지쳐 스스로를 괴롭게 할 때 잠시 휴식을 가져 보세요. 자연을 만나 그들의 웅장함과 위대함을 느껴 보세요. 자연 앞에서 겸허한 태도를 보이며 여러분들은 더 당당한 자신의 모습을 찾게 될 거예요.

노모포비아 자가 진단표

앞서 스마트폰을 '성인용 공갈 젖꼭지'라고 표현했듯이, 과연 우리는 스마트폰을 손에서 내려놓는 것이 가능할까요? 여러분은 스마트폰이 없을 때 불안감이나 두려움을 느껴 본 적이 있나요? 만약 그런 감정을 느꼈다면, '노모포비아' 증상으로 볼 수 있습니다. '노모포비아Nomophobia'는 'No Mobile Phone Phobia'의 줄임말로, 스마트폰이 없을 때 느끼는 불안감이나 두려움을 뜻합니다. 예를 들어, 스마트폰을 집에 두고 나왔거나 배터리가 부족하거나 인터넷 연결이 끊겼을 때 경험하는 답답함과 불안함입니다. 이 같은 불안이 심해지면 노모포비아로 이어질 수 있습니다.

노모포비아는 단순히 불편함에서 그치지 않고 학업 성취도 저하, 사회성 감소, 수면 장애 등 다양한 문제를 일으킬 수 있으며, 친구들과의 관계에도 영향을 미칠 수 있습니다. 스마트폰 사용시간을 조절하고, 스마트폰 없이도 즐길 수 있는 활동을 찾아보는 것이 매우 중요합니다. 이를 위해 노모포비아 자가 진단표를 참고해 스스로 진단해 보세요. 10개의 문항으로 구성된 이 진단표의 각 항목에 대해 '예' 또는 '아니오'로 답변하면서 자신의 상태를 점검해 볼 수 있습니다.

<노모포비아 자가 진단표>

구분	증상	예	아니오
1	스마트폰이 없으면 불안하거나 초조한 느낌이 드나요?		
2	배터리가 부족하거나 인터넷이 끊기면 스트레스를 받나요?		
3	스마트폰이 없을 때 친구나 가족과의 연결이 끊어진 것처럼 느껴지나요?		
4	중요한 소식이나 메시지를 놓칠까 봐 스마트폰을 자주 확인하나요?		
5	스마트폰 사용시간이 예상보다 길어져 다른 할 일을 미룬 적이 있나요?		
6	잠들기 전까지 스마트폰을 사용하고, 아침에 일어나자마자 확인하나요?		
7	스마트폰이 없으면 외출하거나 이동하는 것이 꺼려지나요?		
8	스마트폰 사용 시간을 줄이려고 했지만 잘 안되나요?		
9	스마트폰이 울리지 않았는데도 진동이나 알림 소리를 들은 것처럼 느낀 적이 있나요?		
10	주변으로부터 스마트폰 사용을 줄이라는 말을 들어 본 적이 있나요?		

* '예'- 7개 이상 : 노모포비아 경향이 높을 수 있어 스마트폰 사용 습관을 점검하고 조절하는 것이 필요해요.
* '예'- 4~6개 : 노모포비아 초기 증상이에요. 심해질 수 있는 잠재적 위험 요소 제거가 필요해요. 스마트폰 없이도 할 수 있는 활동으로 생활 습관을 바꿔 보세요.
* '예'- 3개 이하 : 스마트폰 사용이 비교적 균형 잡혀 있다고 볼 수 있어요. 더 늘어나지 않도록 주의하세요.

* 의료 기반의 진단표가 아니며, 스스로 스마트폰 사용 습관의 기초 점검을 할 수 있는 샘플 진단용이자 참고용임을 밝힌다.

스마트폰 사용시간을 조절하는 방법

2018년 미국 CBS의 보도에 따르면, 미국 국립보건원NIH이 진행한 어린이 뇌 인지 발달 연구ABCD에서 스마트폰을 과도하게 사용할 경우 어린이들에게 불면증, 기분 변화, 나아가 뇌 기능에도 영향을 미칠 수 있다는 결과를 발표했습니다. 특히 이번 연구는 하루 7시간 이상 스마트폰을 사용하는 어린이들의 경우 정보를 처리하는 뇌의 바깥쪽 층인 피질이 얇아질 수 있다는 사실을 밝혔습니다. 장시간의 스마트폰 사용은 정신적·신체적 문제를 유발할 수 있으므로 올바르게 조절하는 습관을 기르는 것이 중요합니다. 다음은 스마트폰 사용을 조절하는 간단한 방법입니다. 한번 실천해 보세요.

1. 잠들기 1시간 전에 스마트폰을 꺼 두고 취침 시에 방해 금지 모드로 변경하기
2. 공부하거나 수업할 때 스마트폰을 끄거나 방해 금지 모드로 변경하기
3. 스마트폰을 오래 쳐다보면 거북목이 될 수 있으므로 목 운동으로 거북목 예방하기
4. 장시간 사용을 금하고, 허리에 무리가 가지 않도록 엉덩이를 끝까지 넣은 자세로 앉기
5. 눈 보호를 위해 의도적으로 눈을 자주 깜박이고, 항상 불을 켠 상태에

서 스마트폰 보기

디지털 디톡스는 단순히 스마트폰을 꺼 두는 것을 넘어서 평소에 놓치고 있던 것들을 다시 찾는 시간입니다. 디지털 기기를 잠시 내려놓고 나에게 집중하는 방법들을 소개합니다.

1) 자연과 가까워지기

자연은 최고의 디지털 디톡스를 할 수 있는 공간입니다. 자연의 웅장함 속에서 마음이 훨씬 차분해지고 안정감을 느낄 수 있습니다. 공원에서 산책하거나, 사찰에서 자연을 벗 삼아 내적 자아를 찾을 수 있는 템플스테이를 해 보는 것도 좋습니다. 혹은 가족이나 친구들과 도시 외곽의 안전한 캠핑장으로 떠나 자연을 느껴 봅니다. 계절마다 달라지는 자연을 보면서 변화에 순응해 가는 방법을 알아갑니다. 자연은 우리가 일상에서 느끼지 못한 것들을 깨닫게 합니다. 그런 시간을 자주 가지다 보면 스마트폰 알람 소리보다 새 소리, 바람 소리, 냇물 소리, 나뭇잎의 바스락 소리를 통해 내재해 있던 나의 모든 감각을 다시 깨울 수 있습니다.

2) 내돈내산 독서하기

독서는 가장 쉬운 디지털 디톡스 방법입니다. 앞에서 수도 없이 텍스트 이야기를 했지만 아무리 강조해도 지나치지 않습니다. 물론 전자책보다는 종이책을 권합니다. 다만 빌려서 보지 말고 사서 보는 것이 좋습니다. 용돈을 아껴 모아둔 돈으로 책을 산다면 더 좋습니다. 내 것이 된 종이책은 나의 기록물이 됩니다. 구매한 날짜, 그날의 날씨, 나의 이름을 적어 놓습니다. 문단마다 받은 느낌이나 생각을 기록하며 기록한 날짜도 적습니다. 책은 때에 따라 느끼는 감동이나 메시지가 다르므로 기록한 날짜까지 적어 두면 시간이 지나 다시 들여다볼 때 나를 알아가는 데 도움이 됩니다.

3) 디지털 프리존 및 사용시간 정하기

집이나 학교에서 특정 공간을 디지털 기기 없는 구역(디지털 프리존)으로 설정하는 것을 추천합니다. 예를 들어 식탁, 침실, 공부방 등을 스마트폰을 사용하지 않는 장소로 지정해 보세요. 이렇게 하면 공부할 때 집중력이 올라가고, 가족들과 함께하는 대화 속에서 리터러시 능력을 배양할 수 있습니다. 또한 편안하고 깊은 수면을 위해 최소 잠자기 1시간 전에 사용을 중지하거나 도서관이나 독서실에서 공부하는 동안엔 스마트폰 끄기 등 자신의 생활에 맞게 스마트폰을 중간중간 일시 정지시키는 방법으로 머리를 쉬게 합니다. 일주일 중 특정한 날을 '스크린 프리 데이Screen Free Day(디지털 기기를 쓰지 않는 날)'로 정해 외부 활동에 몰두하는 것도 좋습니다.

4) 아날로그 기반 취미 찾기

운동은 몸을 움직여 스트레스를 해소하고 건강을 유지하는 데 좋은 방법입니다. 특별한 장비 없이도 할 수 있는 조깅이나 산책은 학교나 집 근처에서 쉽게 실천할 수 있으며, 공부로 인한 피로를 풀어 주고 집중력을 향상하는 데 도움이 됩니다. 또한 친구들과 함께하는 자전거 타기, 축구, 농구 등은 뇌의 활동에 활력을 불어넣어 줍니다. 그림 그리기, 노래하기 등 예술 활동도 운동만큼이나 큰 디톡스 활동이 됩니다. 특별한 도구 없이 종이와 연필만으로도 그릴 수 있어요. 캘리그래피 혹은 손글씨를 연습하면서 집중력을 기르고 스트레스를 해소할 수 있습니다. 기타나 드럼 같은 악기 연주를 배우면서 창의력을 키울 수도 있어요.

디지털 디톡스는 단순히 디지털 기기를 멀리하는 것이 아니라, 그 시간을 통해 자신만의 특별함을 발견하는 소중한 기회임을 기억해야 합니다. 틈틈이 다른 활동을 하며 자신을 돌아보는 과정은 스스로를 더 깊이 이해하는 계기가 됩니다. AI의 가장 큰 약점이자 인간의 가장 큰 강점은 바로 통찰력과 영감인데, 이는 인간의 깊은 내면에서 우러나옵니다. 디지털 디톡스를 통해 이러한 소중한 통찰과 영감을 발견할 수 있기를 응원합니다.

AI 디지털 교과서 똑똑하게 활용하기

AI 디지털 교과서에 대한 모든 것

중고등학교 시절 신학기가 되기 전 항상 하던 일이 있었습니다. 교과서의 겉표지에 옷을 입히는 일이었습니다. 책이 상하지 않고 닳지 않게 하기 위해 겉표지를 포장하는 것인데, 깔끔하게 커버가 씌워진 책을 보며 뿌듯했던 기억이 있습니다. 반짝반짝 빛나는 포장지를 구입해서 커버를 씌우는 건 흔치 않았습니다. 가장 많이 쓰이던 포장지는 바로 달력이었습니다. 그렇게 정성스럽게 커버를 씌운 깨끗한 책을 가방 안에 넣고 새학기를 시작하면 그 책 냄새가 그리 좋을 수가 없었습니다. 하얀 책이 누렇게 변하고 모서리가 닳고 닳아 구멍이 생기면 그제야 하얀 겉표지에 낙서도 했던 종이 교과서를 사용한 시절이었습니다. 요즘은 종이책도 워낙 예쁘고 단단하게 잘 나와 겉표지를 씌우지 않지만 과거엔 그러했습니다. 이런 정성이 가득했던 종이책으로 공부하던 기억이 있는데 이제 종이책 교과서를 접하기도 점점 드물어지는 시대로 나아가고 있습니다.

2025년 3월부터 전국의 일부 초중고에 AI 디지털 교과서AIDT, AI Digital Textbook가 도입됩니다. 2022년 개정 교육과정의 핵심가치인 학생 중심의 자기주도적 학습에 따른 교과서의 변화입니다. AI 디지털 교과서는 AI 시대에 인간의 존엄성과 교육의 공정성을 강화하기 위해 개발된 교과서로 언어, 장애, 지역, 계층에 상관없이 모든 학생에게 맞춤형 교육 기회를 제공하며, 학생들의 개별적인 필요와 잠재력을 파악하고 교사의 전문성을 향상시키는 것을 목표로 합니다.

AI 디지털 교과서가 뭐예요?

AI 디지털 교과서는 말 그대로 인공지능 기반의 디지털 교과서입니다. 이미 학교에서는 무선 인터넷 환경, PDF 파일과 영상 자료를 활용하거나 전자 칠판을 사용해 수업이 이뤄지고 있으며, 서울에서는 이미 디지털 학습 툴인 '디벗'을 활용하여 수업하고 있습니다. 이는 AI 디지털 교과서와는 어떤 차이가 있을까요? 그건 말 그대로 AI가 장착되어 있다는 점에서 차이가 있습니다. AI의 특징은 분석과 맞춤 솔루션 제공입니다. 즉, 학생의 학습 과정을 분석하여 실시간으로 학생 맞춤 전략을 제공하여 자기주도적 학습 환경을 제공할 수 있다는 것입니다.

2025년 3월부터 초등 3, 4학년, 중고교 1학년 영어, 수학, 정보 교과에서 AI 디지털 교과서를 도입하고, 2028년까지 사회, 과학 등의 교과로 단계적으로 확대 적용하겠다는 것이 목표입니다. 특수교육에서는 국어와 수학이 적용 대상입니다. 이를 대비하기 위한 전국의 디지털 역량 강화 관련 교사 연수가 진행 중입니다. 2024년 11월 29일 12개 출원사의 AI 디지털 교과서 76종이 최종 확정되었습니다. AI 디지털 교과서의 주사위는 이미 던져졌습니다. 여러 우려의 목소리가 나오고 있지만 AI 디지털 교과서가 정규 학교에 도입되는 변화의 흐름 속에 여러분들의 슬기로움이 필요한 때입니다.

AI 디지털 교과서의 빠른 도입은 MDDAI 리터러시 측면에서 우려스러운 부분이 있습니다. 개별 맞춤식 교육을 제공한다는 장점을 내세우고 있지만, AI의 점수 기반 평가의 적정성, 학생 데이터의 적합성과 신뢰성 여부, 맞춤식 교육을 받아들일 학생과 교사들의 준비 여부 등 여러 가지가 걱정되어 마음을 놓을 수 없습니다. 더구

<학년별 AI 디지털 교과서 도입 로드맵>

구분	2025	2026	2027	2028
초등	수학(3·4) 영어(3·4) 정보(3·4)	수학(5·6) 영어(5·6) 정보(5·6)	사회(3·4) 과학(3·4)	사회(5·6) 과학(5·6)
중등	수학(1) 영어(1) 정보	수학(2) 영어(2)	수학(3) 영어(3) 사회(1·2) 역사(1·2) 과학(1·2)	과학(3)
고등	공통수학(1·2) 공통영어(1·2) 공통정보			통합사회(1·2) 한국사(1·2) 통합과학(1·2)
특수	초 국어(3·4)	초 국어(5·6) 초 수학(3·4)	초 수학(5·6) 중 국어 중 수학	고 국어 고 수학

나 AI 디지털 교과서 도입에 대해 디지털 기기 중독, 문해력 저하, 디지털 격차, 건강 등의 문제가 커질 수 있다는 반론이 제기되는 가운데 AI 디지털 교과서의 효과성이 눈에 보이도록 부각되지 않는다면 여론의 파장도 염려스러운 상황입니다. 이런 찬반 의견 대립 속에서도 AI 시대라는 거부할 수 없는 큰 흐름 속에 AI 디지털 교과서의 성공적인 시작을 위해서는 문제점을 최소화하고 효과를 극대화하기 위한 모두의 노력이 필요합니다. 장점은 살리고 단점은 보완하는 방향으로 사고의 대전환이 이루어진다면 AI 디지털 교과서가 가진 본연의 교육적 순기능을 발휘할 수 있을 것입니다.

베벌리 파크 울프Beverly Park Woolf는 저서『지능형 상호작용 튜터 구축Building Intelligent Interactive Tutors』을 통해 인텔리전트 튜터링 시스템을 정의했습니다. '인텔리전트 튜터링 시스템'은 인공지능을 활용하여 학생들의 학습 패턴과 이해도를 분석하고, 이에 맞춰 개인화된 피드백과 학습 자료를 제공하는 컴퓨터 기반 학습이라고 말합니다. 이는 교사의 개입 없이도 학습자의 필요에 따라 즉각적인 지원을 제공할 수 있는 환경입니다.

2012년 미국 교육부에서 발간한 에듀테크 보고서에는 적응형 학습 기술Adaptive Learning Technologies이 언급되어 있습니다. 이 '적응형 학습 시스템'은 학습자의 학습 데이터를 활용하여 학생에게 향후

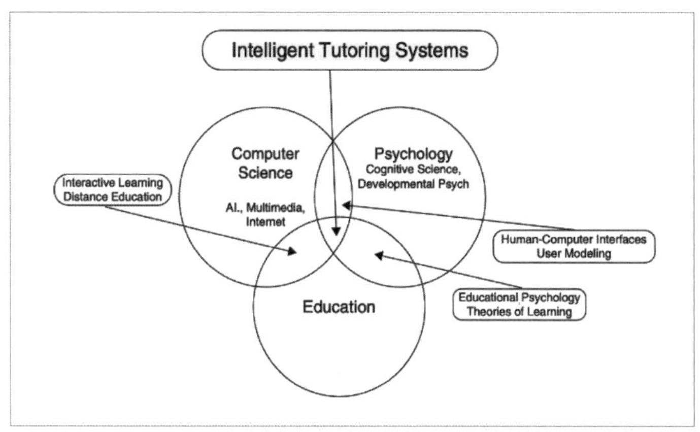

베벌리 파크 울프의 '지능형 튜터 시스템' 설명 다이아그램

필요한 학습 내용이 무엇인지 추천할 뿐만 아니라, 해당 학생이 향후 학습 콘텐츠(어려운 시험 포함)에서 어떤 성과를 보일지 예측합니다. 특히 이 시스템에 데이터가 충분히 축적되면 학생, 교사에게 유익하고 실행 가능한 피드백을 제공할 수 있다고 강조합니다. 이 적응형 학습 기술은 학생의 성과와 상호작용에 따라 교육 콘텐츠와 학습 경로를 실시간으로 조정하는 시스템으로, 인공지능을 활용하여 학생 각자의 니즈에 맞게 자료를 개인화함으로써 효율적인 학습을 촉진한다는 장점이 있습니다. 이 두 가지 기술적 개념으로 볼 때, AI 디지털 교과서는 AI를 활용한 '맞춤형 학습 기회', '개인화된 피드백', '맞춤식 학습 자료 제공' 개념과 비슷하다고 볼 수 있습니다.

결국 AI 디지털 교과서는 기존의 종이 교과서에서는 시행할 수 없었던 AI 기반 일대일 맞춤형 학습 시스템을 제공해 줄 수 있는 디지털 기기입니다. 교실 안에서 1인 1 디지털 기기 시대를 맞게 된 것입니다. 교육부는 지난 2024년 7월 대한민국 정책 브리핑에서 AI 디지털 교과서의 장점을 언급하며 "학생들이 더 적극적으로 질문하고 토론하며 더 많이 협력하는 교실로 변화할 수 있다"고 말했습니다. 덧붙여 "각자의 실력에 맞는 수준별 학습이 가능할 뿐만 아니라, 개념 이해를 바탕으로 교사가 설계한 토론, 협력, 프로젝트 학습을 병행해 갈 수 있고, 미래 핵심 역량인 창의성, 인성, 협업 능력을 키워 나갈 기회를 제공한다"고 밝혔습니다.

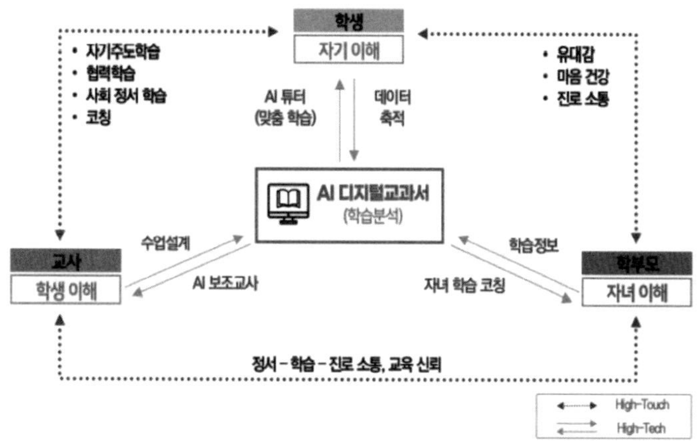

AI 디지털 교과서 개념도

AI 디지털 교과서의 특징

AI 디지털 교과서에 대한 이해를 돕기 위해 2023년 11월 교육부가 한국교육학술정보원KERIS, Korea Education and Research Information Service과 제작한 'AI 디지털 교과서 개발 가이드라인'을 분석해 크게 다섯 가지로 정리해 보았습니다.

1) 맞춤형 학습: AI 기반 학습 경로 제공

AI 디지털 교과서는 AI를 기반으로 학습 데이터를 분석하여 학생 개개인의 학업 수준과 성취도를 파악하고, 이에 맞는 학습 경로와 콘텐츠를 제공합니다. 기존의 보편적이고 일률적인 교육 방식과 달리, AI 디지털 교과서는 학생의 학습 속도에 맞춰 유연하게 학습 경로를 조정한 뒤 각자의 수준에 맞는 최적의 학습을 제공합니다. 학생은 학습 중 모르는 부분을 즉시 피드백 받아 보완할 수 있으며, 교사는 이 데이터를 통해 학생 개개인에게 맞는 자료를 제공해 수업의 질을 향상할 수 있습니다. 맞춤형 학습은 AI 디지털 교과서의 핵심 가치로, 학생의 성취감을 높이고 자기주도적 학습을 강화하는 장점이 있습니다.

2) 똑똑한 도우미 AI 튜터: 학습 데이터 분석과 실시간 전략 제공

AI 튜터는 학습 시간, 학업 수행 정도, 성취 수준 등 다양한 학습 데이터를 실시간으로 수집하고 분석하여 각 학생의 강점과 약점을 파악하고, 더 나은 학업 성취를 위한 맞춤형 학습 경로를 추천합니다. 학생의 학업 성취도에 따라 심화 과정이나 보충 과정을 제공하는 등 학습 상황에 맞게 실시간으로 개선할 수 있는 전략을 제안하며, 똑똑한 학습 도우미 역할을 합니다. 주요 기능으로는 질문 응답, 추가 학습 자료 제공, 맞춤형 학습 전략 제안, 학습 진도 모니터링, 피드백 및 성취 평가 그리고 오답 노트 제공 등이 있습니다.

3) 교사의 혁신적 지원 도구: AI 보조 교사와 미래형 수업 설계

교사는 AI 보조 교사와의 협업을 통해 각 학생의 학습 상태, 경로, 학업 성취도를 손쉽게 파악할 수 있습니다. AI 보조 교사가 제공하는 학생들의 학습 데이터를 기반으로 교사는 참여형 수업인 토론, 협력, 프로젝트 수업을 계획하고 재구성하여 각 학생에게 맞는 교육 방식을 효과적으로 설계할 수 있습니다. 또한 AI 보조 교사가 반복적이거나 시간 소모적인 작업을 대신 처리해 주므로, 교사는 학생별 학습 전략 수립에 더욱 집중할 수 있게 됩니다. AI 보조 교사는 수업 설계 지원, 피드백 설계 지원, 평가 지원, 학생 모니터링 지원 등과 같은 정량적 데이터 업무를 담당하여 교사의 수업 운영을 효율적으로 돕습니다.

4) 자녀의 학습 활동 상황 파악: 실시간 학습 성과 모니터링 기능

학부모는 자녀의 학습 성과와 진도를 실시간으로 받아 자녀의 학습 강점과 약점을 보다 명확하게 파악할 수 있습니다. 이를 통해 학부모는 자녀가 학습에서 어려움을 겪는 부분을 파악하고, 필요 시 적절한 학습 지원 전략을 세우는 데 도움을 받게 됩니다. 또한, 자녀의 학습 데이터를 기반으로 학습 성과를 지속해서 모니터링함으로써 학습 환경 개선을 위해 어떤 지원이 필요한지 파악할 수 있는 기본 데이터를 제공합니다.

5) 유연한 학습 환경: 교사와 학생의 상호작용 촉진

AI 학습 도구는 정규 과정뿐만 아니라 다양한 교과 활동에도 활용될 수 있습니다. 이를 통해 예습과 복습을 할 수 있으며, 방과 후 프로그램에서도 정규 수업 시간의 학습 데이터를 활용하여 학생들의 다양한 학습 상황과 수준에 맞게 수업 방식을 유연하게 적용하게 됩니다. 교과목의 특성에 따라 멀티미디어 자료, 실감형 콘텐츠 등 맞춤형 자료를 제공하므로 수학, 과학, 영어 등 각 과목에 적합한 학습 자료를 쉽게 찾을 수 있습니다. 또한 교사와 학생 간의 소통과 협력을 통해 상호작용을 촉진하고 창의적인 교육 방식을 가능하게 합니다.

AI 디지털 교과서의 한계

AI 디지털 교과서가 학생, 교사, 학부모 측면에서 효과적인 학습을 유도하는 특징이 있음에도 불구하고 반드시 고려해야 할 한계점은 있습니다. 이를 3가지로 정리해 보았습니다.

1) 평가 방법의 한계

AI 디지털 교과서는 교육 기회의 균등성을 보장하고, 맞춤형 학습을 통해 모든 학생의 학업 성취를 지원하며, AI 튜터와 AI 보조교사를 도입해 최적의 학습 솔루션을 제공하는 것을 목표로 합니다. 그러나 이 명확한 목표에도 불구하고, 가장 우려되는 부분은 평가 방법입니다. 맞춤형 학습 솔루션의 기반이 되는 AI 진단이 단순히 정량적인 점수 평가에만 의존한다면, 기존 평가 방식과 큰 차이가 없을 것입니다. 그 결과 학생들이 사설 학원에 의존하는 상황이 계속될 수 있으며, 교육 격차가 더 심화될 가능성도 있습니다.

또한, 'AI 디지털 교과서 개발 가이드라인'에서 명시한 선행 학습 금지 조항은 학습 성과가 좋은 학생들에게 맞춤 학습을 제공하지 못하는 한계를 드러낼 가능성이 높습니다. 이로 인해 학습 성과가 우수한 학생들은 학원 등 사교육 기관의 도움을 더 선호하게 될 가능성도 있습니다.

이러한 정량적 데이터 위주의 학습 진단의 한계를 보완하기 위해 향후 AI 디지털 교과서에 학생의 참여도, 협업 정도, 정서 상태 등을 반영하는 기능을 추가 및 개발하는 방안이 제기되고 있습니다. 하지만 이러한 보완이 실제로 효과적일지는 의문입니다. 점수와 더불어 출석률, 과제 제출 시간, 학습 활동 빈도와 같은 정량적 행동 데이터를 통해 학습 상태를 분석하는 데 최적화된 AI가 과연 정성적 데이터 기반인 학생의 잠재력과 능력을 제대로 파악할 수 있을지도 고민해야 할 부분입니다.

2) 당사자의 이해 부족

또한 아무리 훌륭한 AI 디지털 교과서와 교육 정책이 마련되더라도 이 교과서를 실제로 사용할 학생과 교사가 준비되어 있지 않다면 정책의 성과는 기대하기 어려울 것입니다. 2025년 3월 AI 디지털 교과서 도입에 앞서 교사와 학생들에게 이에 대한 충분한 정보 제공과 더불어 그들의 의견을 적극 수렴했는지 점검해야 합니다. 특히 AI 디지털 교과서 정책의 성공을 위해서는 당사자 중심에 있는 학생들이 새로운 시스템을 잘 이해하고, 이를 통해 필요한 역량을 기르기 위한 만반의 준비가 필요합니다. 새 학년이 되면서 맞이할 AI 디지털 교과서로 우왕좌왕하지 않아야 합니다. 새로운 제도에 대한 충분한 이해는 수업에 적극적으로 참여할 수 있도록 도울 것입니다.

3) 개인차에 따른 교육 격차

마지막으로 디지털 활용에 대한 개인차를 고려해야 합니다. 디지털 기기 사용에 익숙한 학생들과 그렇지 않은 학생들 사이에는 분명한 격차가 존재할 것입니다. 또한 학생들의 성향에 따라 디지털 기기에 대한 거부감이나 활용도가 떨어지는 문과형 친구라면 그 속도에서 차이가 있을 수밖에 없습니다. 이러한 다양한 학생들의 성향을 충분히 이해하지 못하는 AI는 부적절한 데이터를 학습하게 되어 결과적으로 낮은 평가로 이어질 위험이 있습니다.

이는 학생에게만 해당하는 게 아닙니다. 교사의 디지털 활용 능력에 따라 학생들의 학습 과정을 이끄는 방식이 달라질 수 있습니다. 데이터 리터러시 능력이 높은 교사는 AI 분석 결과를 보다 효과적으로 해석하고 활용할 수 있지만, 그렇지 않다면 학습 지원 면에서 질적인 차이가 발생할 수 있습니다. 학부모 또한 대시보드의 다양한 그래프와 표를 모두 이해하기 어려울 수 있으며, 숫자에 부담을 느끼는 학부모에게는 다채로운 시각 자료가 오히려 혼란을 줄 수 있다는 점도 비판적으로 살펴볼 필요가 있습니다.

AI 디지털 교과서의 양면성: 변화와 선택의 순간

위대한 사상가 랠프 월도 에머슨Ralph Waldo Emerson은 자신의 에세이 『자기신뢰』에서 새로운 길을 개척하는 정신과 개인의 힘을 강조합니다. 그는 "자신을 믿고, 자신만의 길을 가라"고 말하며, 다른 이들이 이미 걸어간 길이 아니라 자신만의 독창적인 길을 선택할 때 진정한 성장이 가능하다는 철학을 전했습니다. 마찬가지로 AI 디지털 교과서의 도입이 학생들에게 새로운 성장의 가능성을 열어 줄 것인지는 아직 알 수 없지만, 이것이 새로운 도전의 시작임은 분명합니다.

청소년들은 변화와 선택의 순간에 AI 디지털 교과서가 제공하는 양면성을 올바르게 이해할 수 있도록 다각도의 정보를 확보해야 합니다. 학생, 교사, 학부모 각각의 입장에서 AI 디지털 교과서는 어떤 장단점이 있을지 살펴보도록 하겠습니다.

AI 디지털 교과서의 장점

AI 디지털 교과서는 학생 개개인의 학습 속도와 이해도를 실시간으로 분석하여 맞춤형 학습 자료를 제공한다고 했습니다. AI 튜터가 학생이 이해하지 못한 부분을 즉시 보충 설명해 주기 때문에 각 학생에게 적합한 학습 전략을 제공할 수 있다는 점에서 매우 긍정적이라고 판단됩니다. 지금까지 우리 교육은 수십 년간 보편적이고 일률적인 방식으로 진행되었습니다. 학습 능력과 성취도가 다양한 학생들을 대상으로 50분 수업 시간 내에 교사가 모두를 만족시키는 수업을 진행하기란 어려운 일입니다. 한 명의 교사가 여러 학생을 대상으로 일대일 맞춤형 지도를 하는 것은 현실적으로 불가능에 가깝죠.

실제로 교사들은 학업 성취도가 높은 학생에 맞추어 수업을 진행할 경우 그렇지 않은 학생들이 수업을 따라가기에 버거워하고, 반대로 성취도가 낮은 학생 위주로 수업을 하면 성취도가 높은 학생들이 불만을 느낀다고 어려움을 호소합니다. 이러한 경험은 교실에서 누구나 한 번쯤 겪어 봤을 것입니다. 이로 인해 일부 학생들은 자신의 수준에 맞는 수업을 받기 위해 학원을 선호하는 경향이 증가하는 실정입니다.

학교 현장에서 교사와 학생이 겪는 수업 진행의 어려움을 해결하는 데 AI 디지털 교과서의 AI 튜터와 AI 보조 교사는 큰 도움이 될 것입니다. 특히 AI 튜터는 학습 성취도에 따라 학습 경로를 설정해 기초부터 심화 학습까지 적절한 수준의 학습을 제공하기 때문에 학생 개개인에게 맞는 선택적 학습이 가능하다는 큰 장점이 있습니다.

즉, AI 디지털 교과서는 다양한 학습 도구와 콘텐츠를 제공하여 종이 교과서에서는 경험할 수 없었던 다채로운 학습 체험을 돕습니다. 학습 과정에서 생기는 의문과 궁금증을 질문하고 피드백을 바로 받으며 스스로 개념에 대한 이해를 확장하고, 이는 비판적 사고와 문제 해결 능력을 강화하는 데에도 큰 도움이 될 것입니다.

게다가 AI 디지털 교과서는 AI 보조 교사를 통해 교사의 업무를 효과적으로 지원합니다. AI 보조 교사는 수업 설계, 피드백 작성, 평가 채점 등을 지원하며 교사에게 학생들의 학습 상태를 실시간으로 제공하여 더욱 정확한 피드백을 할 수 있도록 돕습니다. 학생들의 학습 역량에 관한 데이터를 수집, 정리, 분석해 줌으로써 교사들의 업무 효율성에 기여할 수 있습니다. 점수 채점과 같은 반복적인 작업을 AI 보조 교사가 처리해 줌으로써 교사는 각 학생에 맞춘 창의적인 수업 준비에 더 집중할 수 있는 환경을 마련할 수 있습니다. AI 보조 교사가 제대로 작동할 경우, 교사는 학생들을 더 면밀히 보살피고 관리할 수 있는 하이터치 수업의 기회를 얻어 교사의 전문성을 한층 높일 수 있을 것입니다. 결국, 학생들은 AI 디지털 교과서를 통해 개념을 이해하고, 교사와 함께 더 높은 수준의 수업을 경험할 기회를 누릴 수 있는 것입니다.

마지막으로 AI 디지털 교과서는 학부모들에게 자녀의 학습을 좀 더 면밀하게 파악할 수 있는 도구가 됩니다. 부모라 해도 자녀의 학습 능력을 정확히 파악하기는 쉽지 않은데, AI 디지털 교과서를 통해 자녀의 학습 상황을 실시간으로 분석하고 즉각적으로 확인할 수 있다면 자녀의 학습 과정을 더 빠르게 이해하고, 성과에 따라 최적화된 지원을 제공할 수 있습니다. 이를 통해 자녀의 학습 성과에 대해 일일이 설명할 필요 없이 학부모가 그 상황을 이해하고, 자녀의 장단점에 대해 충분히 논의하며 필요한 지원을 요청할 수 있습니다. "엄마는 아무것도 몰라!" 이제 이런 대화는 사라질지도 모릅니다.

AI 디지털 교과서의 단점

모든 것에는 긍정적인 면이 있으면 부정적인 면도 존재하기 마련입니다. AI 디지털 교과서도 예외가 아닙니다.

먼저, 디지털 격차가 AI 교과서 도입에 있어 가장 큰 장애로 작용할 수 있습니다. 모든 학생이 디지털 기기에 접근할 수 있다고 보기 어려우며, 개인별 디지털 사용 능력의 차이는 물론 지역별 편차나 가정환경에 따라 안정적인 인터넷과 디지털 기기를 사용할 수 없는 학생들은 학습에서 뒤처질 수밖에 없습니다. 실제로 2022년 교육부와 AI 디지털 교과서 가이드라인에 공동 참여한 한국교육학술정보원의 연구에 따르면, 가정의 경제적 상황에 따라 디지털 기기 접근성과 사용 능력에 큰 차이가 있었으며, 특히 저소득층 학생들은 디지털 기기 접근이 제한적이고 디지털 문해력도 낮은 것으로 나타났습니다. 이러한 디지털 격차는 코로나19 팬데믹 동안 원격 학습이 보편화하면서 더욱 두드러졌다는 점에 주목할 필요가 있습니다.

두 번째로는 AI 튜터와 AI 보조 교사의 역할과 한계입니다. 현재 축적된 학생 학습 데이터가 부족하여 AI 튜터와 보조 교사의 기능이 한정적일 것으로 보입니다. AI 튜터가 본래의 기능을 발휘하려면 일정 수준 이상의 양질의 데이터가 필요합니다. 특히, 학생들이 AI 디지털 교과서의 기능과 도입 취지에 공감하고 제대로 사용해야 정확한 데이터를 얻을 수 있다는 것을 기억해야 합니다. 예를 들어, 일부 학생이 학원에서 배울 생각으로 학교 수업에 소극적이거나 대답을 피하려고 엉터리로 문제를 푸는 경우, AI 튜터는 올바른 학습 솔루션을 제공하기 어렵습니다. 이는 학습량이 많고 학습 성과가 높은 학생에게는 더욱 두드러질 가능성이 높을 것으로 보입니다. 따라서 현재의 AI 튜터와 보조 교사는 학생과 교사의 보조 역할로 받아들여야 하며, 맞춤형 학습 전략을 전적으로 AI에 의존하는 것은 아직 시기상조입니다. 학생의 적극적인 수업 참여를 이끌어내는 교사의 역할이 더욱 중요합니다.

아울러 학생들이 AI 기술에 지나치게 의존할 우려도 있습니다. AI가 학습을 지원하는 것은 매우 유용하지만, 여기에 지나치게 의지하면 스스로 문제를 해결하는 능력이 떨어질 수 있습니다. AI가 제공하는 학습 자료나 보충 설명을 학생이 스스로 이해하고 질문하며 소화해 나가는 과정이 학습 효과를 극대화하는 핵심입니다. 이를 충분히 해내지 못할 경우, 학생은 심화 학습으로 진입하지 못하고 계속해서 보충 자료에만 의존하게 되어 학습 성과가 오히려 떨어질 수 있으며, 교사와의 직접적인 상호작용이 줄어들어 창의적 사고와 비판적 사고 능력을 기르기도 어려워질 수 있습니다.

이 밖에도 데이터 보안, 개인정보 보호, 통신 장애, 유지 보수 등 다양한 문제가 발생할 가능성도 있어 이에 대처하는 방안도 충분히 고려되어야 합니다.

해외에서는 어떨까?

AI 디지털 교과서는 우리나라뿐만 아니라 해외에서도 이슈가 되는 정책입니다. 스웨덴은 2017년부터 유치원에 디지털 교과서를 도입했으나, 6년간의 시행 끝에 2023년 8월 이 정책을 전면 중단했습니다. 이는 디지털 학습이 아동의 문해력과 학습 능력에 부정적인 영향을 미친다는 연구 결과에 따른 것입니다. 이에 스웨덴 정부는 6세 이하 아동을 대상으로 한 디지털 학습을 종료하고, 전통적인 종이책과 손글씨 교육으로 전환하기 위해 823억 원의 예산을 투입했습니다.

특히 스웨덴의 카롤린스카 연구소는 디지털 기기가 학습을 돕기보다는 방해할 수 있다는 과학적 증거를 제시하며, 오히려 종이책과 교사의 역할을 강조했습니다. 이러한 움직임은 스웨덴에서만 일어난 것이 아닙니다. 노르웨이에서도 학생들의 집중력과 학습 능력 저하에 대한 우려로 디지털 기기 사용을 제한하는 정책을 논의하고 있습니다.

반면에 디지털 학습을 더욱 확대하는 국가들도 있습니다. 에스토니아는 1996년부터 '타이거리프Tiger Leap 프로젝트'라는 국가적인 정보화 교육 프로젝트를 진행했습니다. 이는 모든 에스토니아 학교에 인터넷을 연결하고 정보통신기술ICT을 교육에 통합하는 것을 목적으로 했습니다.

1990년대 당시 에스토니아는 구소련으로부터 독립한 지 얼마 되지 않아 경제적·기술적 인프라가 미비한 상태였습니다. 하지만 타이거리프 프로젝트를 통해 빠르게 디지털 전환을 이루며 국가 경쟁력을 높였습니다. 2018년부터는 학교에서 디지털 교과서를 무상으로 제공하는 등 디지털 교육 환경을 선도했고, 이러한 디지털 기술과 창의성을 바탕으로 에스토니아는 유럽에서 1인당 스타트업 수가 가장 많은 나라로 성장했습니다.

이러한 디지털 교육 혁신은 전자신분증, 인터넷 투표, 디지털 거주권 등 다양한 혁신적인 디지털 서비스를 세계적으로 알리는 데 도움을 주었습니다. 코로나 팬데믹이 발생하기 전인 2018년에 에스토니아를 방문해 디지털 현장의 발전 상황을 직접 확인한 적이 있는데, 우리나라가 AI 디지털 교과서 정책을 추진하는 데 있어 에스토니아의 상황을 좀 더 면밀하게 살펴보고 참고할 필요가 있어 보입니다. 현재 일본은 초중고 학생들에게 태블릿을 제공하고 디지털 교과서를 적극적으로 사용하고 있으며, 미국, 싱가포르, 독일 역시 국가 정책적으로 교실에 노트북 공급과 디지털 교과서 도입을 추진하고 있습니다.

AI 디지털 교과서에 대한 세계 여러 나라의 상반된 모습 속에서 가장 큰 문제로 보고 있는 부분은 2025년 AI 디지털 교과서 도입으로 인한 교실의 변화를 어쩔 수 없이 받아들여야 하는 학생들이 정작 AI 디지털 교과서 도입 결정 논의에서 외면당하고 있지 않은가 하는 것입니다.

과연 지금의 AI 디지털 교과서 도입 정책에 초중고 학생들의 이해도는 어느 정도이며, 어떤 준비를 하고 있는지 교육 당국은 제대로 파악하고 있을까요? 학생들의 의견을 반영하는 것은 고사하고 AI 디지털 교과서가 나아갈 방향에 대한 자세한 정보 제공조차도 거의 이루어지지 않은 것으로 보입니다.

그렇기 때문에, 현재의 초중고 학생들에게 당부하고 싶습니다. 한국을 비롯한 전 세계에서 맞춤식 교육이라는 대명제 아래 AI 디지털 교과서로 대전환이 이루어지고 있는 것은 엄연한 현실이므로 스스로 이러한 상황에 준비해야 합니다. AI 디지털 교과서의 강점을 적극적으로 받아들이고, 문제점으로 부각되는 부분을 보완할 수 있는 자신만의 능력을 키워야 합니다. 앞에서 다루었던 디지털 세상에 관한 내용을 숙지하여 디지털 기기를 안전하게 사용하고 올바르게 활용하는 방법을 익히길 바랍니다.

특히 AI 디지털 교과서가 맞춤형 학습을 제공하지만, 스스로 학습할 수 있는 능력(자기주도학습 능력)이 배제된다면 맞춤형 학습이 제공된다고 해도 무용지물입니다. AI가 제공하는 학습 자료를 효과적으로 활용하고, 주어진 학습 시간을 효율적으로 관리하는 습관은 종이 교과서 시절보다 더욱 중요하다는 점을 명심해야 합니다.

AI 디지털 교과서라고 해서 모든 것을 다 자동으로 해 준다는 의미가 아닙니다. AI는 방법만 제시할 뿐, 그것을 실천하고 행동으로 옮겨야 하는 건 각자의 몫입니다. 무엇보다도 각자의 학습을 적극적이면서도 진실되게 해나갈 때 나의 학습 과정에서 무엇이 부족하고 무엇이 강점인지를 AI가 파악할 수 있으며, 그에 따른 맞춤형 정보를 얻을 수 있습니다.

AI 디지털 교과서는 교과서의 변화만을 추구하는 것이 아니라, 수업 방식과 수업 태도도 함께 변화되어야 함을 강조한다는 것을 기억해야 합니다. 도구가 바뀌면 그 도구를 활용하는 방식도 바뀌어야 하듯, 학생들은 문제 맞히기 식의 수업이 아닌 교사 및 급우들과 함께 협력과 상호작용 학습을 통해 창의적인 그룹 프로젝트 수업에 동참할 준비를 해야 합니다.

종이 교과서 시절, 학원은 족집게 문제 맞히기로 학생들의 눈을 뜨게 하는 곳이었고, 학교는 보편적이고 일방적인 수업으로 잠들기 쉬운 곳이었다면, 이제 여러분은 학교에서 깨어 있어야 합니다. AI 디지털 교과서 도입으로 모든 패러다임이 바뀌고 있음을 인지하고, 자기주도적 학습 능력을 꼭 장착하기를 명심하기 바랍니다.

알쏭달쏭! AI 디지털 교과서 용어

- **학습 경로**: 학생이 학습 목표를 달성하기 위해 따라야 하는 학습의 순서나 방향
- **에듀테크**: 교육(Education)과 기술(Technology)의 합성어. AI, AR, VR, 빅데이터 등 최신 기술을 활용한 교육 서비스, 소프트웨어, 앱 등을 총칭하는 단어
- **AI 튜터**: AI를 이용해 학생의 학습 상태를 분석하여 부족한 부분의 원인을 찾아 이를 개선할 수 있는 전략과 학습을 제공하는 서비스
- **AI 보조 교사**: 교사의 수업 설계와 운영을 지원함
- **UDL**(Universal Design for Learning): 특수교육 대상 학생·장애 교원 등이 쉽게 접근할 수 있도록 하는 보편적 학습 설계
- **UI/UX**: 모두를 위한 맞춤 교육 실현을 목표로 모든 사용자가 쉽고 편리하게 사용할 수 있도록 하는 기능
- **High-Touch High-Tech 교육**: AI 디지털 교과서가 학생의 개념적 이해를 지원하고, 교사에게는 프로젝트 학습, 팀 학습, 자율토론 등 학생 간 상호작용과 적극적인 참여를 촉진하는 수업 진행 방식
- **대시보드**: 학습자의 교과별 학습 활동 데이터 분석 결과를 그래프, 차트, 표를 이용하여 시각적으로 제공하는 화면. 개인별 학습 시간, 콘텐츠 수행 정도 등 학습 현황, 학업 성취 수준, 학습 목표를 설정하여 현재 수준을 진단하고, 적절한 학습 콘텐츠를 추천하고 올바른 경로를 제시함

효율적인 학습을 위한 키워드 분석법

학생들이 AI 디지털 교과서를 잘 활용하려면 AI 리터러시 능력이 몇 배로 더 강화되어야 합니다. AI가 분석한 맞춤형 학습 경로를 이어나감과 동시에 반드시 병행해야 하는 것은 자신의 학습 능력과 성취도가 적합한지를 스스로 판단하는 일입니다. 이는 AI 튜터를 믿지 말라는 말이 아닙니다. 나만의 학습 패턴과 성취도를 스스로 비교 분석하는 과정이 필요하다는 이야기입니다. 이 과정이야말로 AI의 효율성을 극대화할 수 있는 동시에 인간만이 할 수 있는 비판적 사고력과 의사결정 능력을 잃지 않는 길입니다.

AI 디지털 교과서와 병행하면 좋을 학습 전략 가운데 '키워드 분석법'이 있습니다. 어떤 정보에서 중요한 단어나 개념을 뽑아내 이를 기반으로 전체적인 흐름을 이해하고 기억하는 정보융합 방법을 말합니다. 방대한 내용 속에 핵심적인 정보를 파악하고, 서로 연결하는 훈련은 AI 디지털 교과서와 병행할 토론, 프로젝트 기반의 수업에도 꼭 필요한 비판적 사고와 융합 능력 향상에 도움이 됩니다.

AI 디지털 교과서를 활용할 수 있는 능력을 키워 줄 키워드 분석법인 '문단 키워드 정리법'과 '키워드 연결 글 전체 연상법'에 대해 알아볼까요?

문단 키워드 정리법

문단 키워드 정리법은 AI 디지털 교과서에 제시된 글의 문단에서 핵심 단어나 구절을 찾아내는 방법입니다. 이를 통해 문단의 주요 내용을 빠르게 파악하고 전체 글의 흐름을 이해할 수 있습니다.

적용 방법으로는 문단을 처음부터 끝까지 천천히 읽으며 전체 의미를 파악한 후 해당 문단에서 가장 중요한 정보나 개념을 나타내는 단어와 구절을 선택합니다. 그런 후 선택한 키워드를 노트나 디지털 교과서에 기록하여 언제든 사용할 수 있도록 데이터를 저장해 둡니다.

AI 디지털 교과서에 이 방법을 적용하면 문단 내에서 중요한 정보를 선별함으로써 핵심 내용을 빠르게 이해할 수 있습니다. 그뿐만 아니라, 불필요한 정보를 제외하고 핵심 내용을 파악할 수 있어서 학습 효율을 높일 수 있으며 기록한 키워드를 통해 내용을 쉽게 복습할 수 있습니다.

챗GPT를 활용하여 키워드 분석법을 적용한 예시를 들어 보겠습니다.

질문 예시1: 중2 세계사 교과서, 유럽의 제국주의와 산업혁명 단원

단계 1: 이 단원의 전체를 읽으면서 문단별로 내용을 파악합니다. 전체 내용 파악 후 '산업혁명' 단원을 읽습니다.

단계 2: 챗GPT에 각 문단의 키워드를 추출해 달라고 요청해 선별합니다(만약 AI 디지털 교과서의 AI 튜터에 이런 기능이 제공된다면 즉시 활용합니다).

질문 예시2: "다음 문단을 읽고 이 문단 전체 핵심 키워드 3~5개를 추출해줘."

단계 3: AI가 제공한 키워드를 노트나 디지털 기기에 정리하면서 단원 전체의 내용과 흐름을 대표하는지 분석합니다. 만약 문단의 전체 내용이 그려지지 않으면, AI에 내린 명령어나 AI의 데이터 오류이기에 키워드 오류 여부를 철저히 검증해 봅니다. 다음과 같은 키워드가 추출되면, '산업혁명'에 대한 전체 내용이 연상되므로 적절한 키워드 추출이 이루어진 것으로 판단할 수 있습니다.

추출된 키워드: 산업혁명, 증기기관, 기술 혁신, 도시화, 노동계급, 공장 시스템 등

키워드 연결 글 전체 연상법

키워드 연결 글 전체 연상법은 키워드 문단법의 역전환으로, 키워드 간의 연관성을 파악하여 전체 글의 구조를 기억하는 방법입니다. 이는 마인드맵이나 연상 기법을 활용하여 키워드들을 서로 연결하는 방식으로 진행합니다.

연상 방식은 문단 키워드 정리법을 통해 각 문단의 키워드를 모은 후, 문단 간 키워드들의 관계를 파악하여 계층 구조나 흐름도를 작성합니다. 이 계층 구도나 흐름도를 작성하기 위해 마인드맵이나 다이어그램을 사용하여 키워드들을 시각적으로 표현한 후 시각

화된 자료를 보며 키워드 간의 관계를 연상하여 전체 내용을 기억할 수 있습니다.

예시: 중2 세계사 교과서, 유럽의 제국주의와 산업혁명 단원, 제국주의와 산업혁명의 밀접성

단계 1: 문단 키워드 정리법에서 사용했던 챗GPT를 통한 문단 키워드 추출법을 이용하여 제국주의와 산업혁명에 관련된 키워드 분류하기

산업혁명 키워드: 산업혁명, 기계화, 생산량 증가

유럽 제국주의 키워드: 자원 필요성, 식민지 확장, 자원 수탈, 시장 확보, 경제적 이익, 세계 무역, 노동력 증가, 농촌 인구 이동, 도시화, 기술 발전

단계 2: 추출한 키워드들을 서로 연결하여 전체 흐름을 파악해 본다.

- 산업혁명으로 인한 기계화와 생산량 증가
- 기계화로 인한 생산량 증가로 더 많은 자원 필요성의 증대
- 자원을 확보하기 위해 유럽 제국주의 등장 및 식민지 확장
- 식민지 확장을 통해 자원을 수탈하고 시장을 확보해 경제적 이익 증대
- 이러한 과정에서 기술 발전과 세계 무역의 활성화
- 노동력 증가와 인구 이동으로 도시화 진행 및 사회 변화 가속화

단계 3: 키워드를 연결해서 마인드맵 그림을 그려 본다.

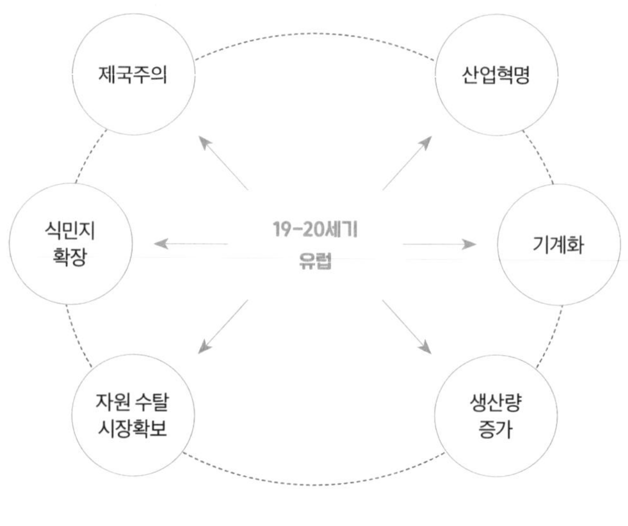

산업혁명과 제국주의 마인드맵

단계 4: 전체 흐름 이해하기

이 마인드맵을 통해 산업혁명과 유럽 제국주의가 연결되고 어떤 결과를 가져왔는지 전체적으로 볼 수 있습니다. 다음은 전체 흐름을 바라보는 키워드 연상법의 예시입니다.

1. 산업혁명으로 기계화가 진행되어 생산량이 많이 늘어났습니다.
2. 늘어난 생산량을 유지하기 위해 더 많은 자원의 수요가 나타났습니다.
3. 유럽 국가들은 제국주의 정책 경쟁을 펼치면서 아시아, 아프리카 등에

식민지를 확대했습니다.

4. 확대한 식민지에서 자원을 가져오고 상품을 팔 시장을 확보하여 경제적 이익을 극대화했습니다.

5. 이후에 기술 발전과 세계 무역이 활성화되고, 사회에도 큰 변화가 나타났습니다.

6. 농민들이 일자리를 찾아 도시로 이동하면서 노동력이 증가하여 도시화가 진행되었습니다.

챗GPT와 같은 생성형 AI를 활용하여 질문하고 스스로 분석하는 과정에 익숙해지면, AI 디지털 교과서에서 AI 튜터의 도움을 받아 키워드 분석법을 익히는 데 도움이 될 것입니다. 물론 챗GPT를 꼭 사용할 필요는 없습니다. 스스로 문단에서 키워드를 찾아내고 연결하는 연습을 해도 됩니다. 전체 문단에서 키워드를 찾고 서로 연결 지어 전체 문단을 연상하는 과정을 반복하다 보면 기억력 향상은 물론 전체의 흐름을 파악하는 데 큰 도움이 됩니다.

도서관에서 관련 도서를 찾아 읽어보고 스스로 한 작업과 비교하여 키워드를 연결해 보기 바랍니다. 디지털 활용에 익숙한 학생이라면 챗GPT나 AI 튜터에 같은 질문을 던져서 어떻게 키워드를 추출하고 연결했는지 살펴보면 전체적인 과제에 대한 분석력과 사고력 향상에 큰 도움이 될 것입니다.

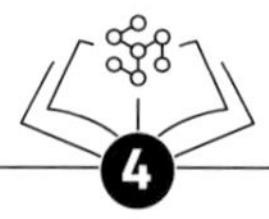

4

갈수록 중요해지는 질문력

우리는 흔히 비판과 비난을 혼용하는 경우가 많습니다. 하지만 사전적으로 비판은 '현상이나 사물의 옳고 그름을 판단하여 밝히거나 잘못된 점을 지적하는 것, 또는 사물을 분석해 각각의 의미와 가치를 인정하며, 전체 의미와의 관계를 명확히 하고 그 존재의 논리적 기초를 밝히는 일'로 정의됩니다. 반면, 비난은 '남의 잘못이나 결점을 꼬집어 나쁘게 말하는 것'을 뜻합니다. 이러한 사전적 의미로 볼 때 비판과 비난은 명확히 구별되는 개념임에도 불구하고 실생활에서는 이 두 가지를 섞어 사용할 때가 빈번합니다.

왜 이런 혼용이 자주 발생하는 것일까요? 지금은 K-컬처를 통해 한국의 다양한 문화가 알려졌지만, 21세기 이전까지만 해도 외국인들은 '한국' 하면 가장 먼저 '빨리빨리' 문화를 떠올렸습니다. '빨리빨리' 문화는 비판적 사고를 저해하는 요소로 작용해 왔습니다. 비판은 옳고 그름을 판단하고 사물을 분석하는 일인데, 이는 시간을 요구하는 과정입니다. 그러나 '빨리빨리' 문화에서는 시간이 오래 걸리는 작업을 지양하는 경향이 있었습니다. 따라서 비판적 사고를 통해 다른 의견을 제시하는 경우, 오히려 쓸데없는 의견으로 인식되어 일의 진행을 지연시킨다는 이유로 비난을 받기도 했습니다.

더구나 연배가 높은 분들에게 공손하고 예의를 지키며 겸손해야 한다는 유교 사상 역시 이와 같은 문화적 배경을 형성하는 데 영향을 주었습니다. 이러한 사상 아래에서는 일에 대한 비판조차도 개인의 인격에 대한 비난으로 받아들이기 쉬웠고, 이에 따라 한국 사회에서는 비판적 사고가 철저히 배제되는 풍토가 형성되었습니다.

이러한 사회적 배경으로 인해 한국 사회에서는 비판이 가진 본래의 의미보다 비난으로 해석되어 두 단어가 혼용되는 경우가 자주 발생해 온 것입니다.

시대가 변하면서 AI가 사회 전반에 걸쳐 커다란 변화를 일으키고 있습니다. 학생들이 맞이하게 될 그 첫 번째 변화가 바로 AI 디지털 교과서입니다. AI 디지털 교과서에서 말하는 일대일 맞춤 교육 환경이란, 디지털 기기 속 AI 튜터와의 대화를 통해 개별 학습을 진행하는 것을 의미합니다. 이는 교사 대신 각자의 AI 튜터와 수업을 진행하며 학습자가 질문을 던지고 요청하는 방식입니다. 이러한 변화의 시기에 학생들이 기존의 학교 수업 방식만 따르며 수동적인 태도를 유지한다면, AI에 의해 통제되는 상황에 부딪힐 수밖에 없을 것입니다.

AI 디지털 교과서와 함께할 여러분에게는 마치 연어가 물살을 거슬러 오르듯이 과거의 문화적 흐름을 뛰어넘어 비판적 사고를 위한 끊임없는 질문과 심도 있게 사고하려는 노력이 필요합니다. 이는 지식의 깊이, 비판적 사고, 토론과 대화 참여 그리고 실질적인 사회 문제에 대한 지속적인 관심을 통해 비로소 가능해집니다.

질문력을 키우는 빅픽처 창의성 훈련법

빅픽처 창의성 훈련법은 AI 디지털 교과서에서 가장 중요한 질문 능력을 기르는 데 큰 도움이 됩니다. 이 훈련법에서는 키워드 분석 연상법을 활용해 꼬리에 꼬리를 무는 질문을 이어 나갑니다. 우선 전체 주제에 대한 빅픽처를 먼저 구상하고 그에 따른 질문을 키워드로 추출한 뒤, 해당 키워드와 관련된 정보를 찾아가며 사고를 확장해 나갑니다. 각 단계에서 다시 질문을 던지고 추가적인 정보를 확보하면서 사고의 폭을 넓혀 가는 훈련입니다.

'AI 활용성'이라는 큰 주제에 대해 질문을 이어 가면서 데이터의 중요성을 이해하는 과정을 전개해 보겠습니다. 질문을 통해 사고를 확장하는 과정에서 우리는 AI 시대에 필요한 창의성과 비판적 사고력을 효과적으로 키울 수 있습니다.

1. 생활 속에서 AI 기능을 접할 수 있는 세 가지 분야를 말하고, 왜 그렇게 생각하는지 설명하라.

키워드: 스마트폰, 스마트 TV, 유튜브

설명: 스마트폰엔 AI가 사진을 보정해 주는 기능이 있고 스마트 TV에는 나의 행동 패턴 데이터를 학습하여 내가 원하는 콘텐츠를 추천해 주는 기능이 있다. 유튜브 알고리즘 역시 내가 관심 있는 영상을 추천한다.

2. 유튜브에서 개인 맞춤형 영상을 추천해 줄 수 있는 이유는 무엇인가?

키워드: 개인정보, 데이터, 인공지능 학습

설명: 내가 보는 영상이나 시청 시간, 댓글, 개인정보 등을 AI가 학습해서

내가 가장 관심 있어 할 만한 영상을 추천해 준다. 넷플릭스에서 본 영화와 비슷한 영화를 추천해 주는 것과 비슷하다.

3. 그렇다면 AI를 스포츠에 접목할 수 있는가? 가능하다면 시행되고 있는 사례를 찾아 설명하라.

키워드: 스포츠, 인공지능, 데이터

설명: AI가 접목된 대표적 사례는 KBO의 로봇 심판이다. 스트라이크 존을 학습해 로봇 심판이 스트라이크와 볼을 판별한다. 시행 초기에는 학습 데이터의 미비로 오류가 종종 나타났으나 지금은 많이 개선된 것으로 알려졌다.

4. KBO에 로봇 심판이 처음 도입되면서 오류가 발생했다고 했는데 그 이유는 무엇이며, KBO에 미치는 영향은 무엇인가?

키워드: 오류, 데이터 부족, 흥미 저하, 불신

설명: 로봇 심판의 정확도가 높지 않은 것은 학습 데이터 부족에 근거한 것으로 발표되었다. 이것은 관중들의 경기 흥미를 떨어뜨리는 요소가 될 수 있으며 선수들 사이에 로봇 심판의 판정에 대한 불신을 가져올 수 있어 선수들의 사기 저하에 영향을 줄 수 있다.

5. 선수 개인의 역량을 높이기 위해 AI를 어떻게 활용할 수 있는가?

키워드: 선수 역량, 심리적 요소, 로봇

설명: 2024년 프랑스 파리 올림픽 양궁에서 보여 준 슈팅 로봇이 좋은 예다. 바람, 온도, 습도 등의 환경 변수를 학습한 AI가 장착된 슈팅 로봇과 양궁 대표팀 선수들과의 실전 대결이 벌어졌다. 이 슈팅 로봇은 실제 상대 선수와의 대결에서 평정심을 찾을 수 있도록 고안되었으며, 실제로 양궁 금메달 획득에 상당한 기여를 한 것으로 알려졌다.

6. 이러한 사례들로 봤을 때 AI의 중요한 요소는 무엇이라고 생각하는가?

키워드: AI, 양질의 데이터, 성실성

설명: AI는 각 분야의 데이터를 학습하여 특화된 서비스를 제공한다. 그러나 데이터가 부족하거나 양질의 데이터가 아닐 경우 오류가 발생하는 것은 물론 인공지능 작동 유효성이 감소될 수 있다. 남녀 양궁 대표팀의 김우진과 임시현 선수는 슈팅 로봇과의 대결에서 패했지만 최선을 다했다고 전했다. 감정이 없는 로봇과의 대결에서 심리적 압박감을 느꼈으며, 이를 통해 심리 컨트롤 방법을 배웠다고 밝혔다. 이 인터뷰를 통해 성실하게 데이터를 제공하려는 노력이 반영되었음을 알 수 있다.

이와 같은 과정을 통해 각 질문에 대한 키워드를 정리하고 관련 정보를 찾습니다. 이후 다시 새로운 질문을 이어 가면서 키워드 간의 연관성을 파악하고 큰 그림을 그려 나갈 수 있습니다. 이러한 빅 픽처 창의성 훈련은 스스로도 가능하지만, 챗GPT를 활용하여 질문 능력과 빅픽처 사고력을 한층 더 효과적으로 기를 수 있습니다.

지속적인 빅픽처 창의성 훈련을 통해 다양한 분야의 정보를 찾다 보면 지식의 깊이가 더해지고, 서로 다른 정보의 융합 능력이 발전

<빅픽처 창의성 훈련으로 계발된 역량을 AI 디지털 교과서에 활용하기>

역량	빅픽처 창의성 훈련	AI 디지털 교과서 활용 전략
융합 능력	여러 분야(역사, 과학, 문학, 예술 등)의 정보를 융합해 새로운 아이디어를 찾고 깊이 있는 질문을 던진다.	AI 교과서를 통해 다양한 주제들을 스스로 융합한 후 AI 튜터에 자신이 융합한 의도와 보완해야 할 부분에 대해서 조언을 구한다.
비판적 사고력	정보를 그저 단순히 받아들이지 않고 왜 그 정보인지, 오류는 없는지 등 다양한 출처로 정보를 확인한다.	AI 튜터가 내놓는 학습 솔루션을 보며, 왜 그런 결과가 도출되었는지 파악한다. 그리고 더 나은 추천 내용이 있는지 스스로 판단해 본다.
토론 능력	서로 다른 관점에 대해 검토하고 근거를 제시하며 상대 이야기를 끝까지 경청하는 자세를 배운다.	AI 튜터가 분석한 나의 학업 성취도가 적절한지 친구들과 의견을 나누어 보며, AI 튜터의 역할과 나의 역할에 대해서 새로운 아이디어나 문제 해결 방안에 대해 토의한다.
리서치 능력	사회에서 일어나는 문제나 이슈를 파악하고 정보의 근거를 찾아 검증하는 훈련을 한다.	AI 튜터가 제시한 나의 학습 추천 근거를 분석하고 그 데이터가 타당한지 점검해 본다.

합니다. 또한 정보를 분석하는 과정에서 단순히 자료를 받아들이기보다는 출처를 점검하여 오류를 확인하면서 비판적 사고력도 향상됩니다. 이 훈련은 다른 관점에서 정보를 검토하고, 정보의 근거를 분석하는 리서치 기술을 통해 토론 능력까지 크게 발전시킵니다. 이러한 능력은 AI 디지털 교과서에도 적극 활용될 수 있으며, 학생들이 더욱 풍부한 지식과 사고력을 쌓는 데 중요한 역할을 할 것입니다.

앞서 언급한 키워드 연결법과 빅픽처 창의성 훈련법을 결합해 지속적으로 훈련하면, 질문을 통해 정보를 찾고 키워드를 융합하며 사고하는 능력을 갖추게 됩니다. 이러한 과정이 처음에 여러분들의 사고 구조를 복잡하게 만들지만, 훗날 AI 디지털 교과서에서 제공하는 피드백을 이해하고 적절히 질문하고 요청하는 데 큰 도움이 될 것입니다. 비판적 사고를 통해 숨은 의미를 발견하고 현상에 대해 의문을 품는 호기심과 질문력이 현저히 향상될 수 있습니다. 주제와 관련된 조사를 진행하고 핵심 키워드를 추출해 새로운 정보를 얻게 되면, 이를 바탕으로 다른 정보와 연결하며 근거를 찾아가는 방식으로 사고의 폭을 넓힐 수 있습니다. 궁극적으로는 AI 디지털 교과서를 보다 유용하게 활용할 수 있는 '뇌력'을 키울 수 있게 될 것입니다.

질문은 맞고 틀림이 없다

인간은 태어날 때부터 호기심을 지니고 있으며, 초등학교 저학년 때까지 이 호기심은 매우 왕성하게 발휘됩니다. 하지만 학년이 올라갈수록 입시에 중점을 둔 성적에 몰두하면서 이러한 호기심과 질문력이 점차 사라집니다. 매우 안타까운 현실입니다. 만약 AI 디지털 교과서가 도입된 후에도 성적을 올리는 데만 집중하여 AI가 평가하는 점수에 기반한 학습만을 한다면, 잠재력을 발휘하고 새로운 분야에 도전할 기회를 놓칠 수 있습니다.

AI 중심의 디지털 시대에서도 AI를 제어하고 이끌어 가는 것은 인간의 역할이라는 점을 잊지 말아야 합니다. AI는 비판적 사고와 질문 능력을 퇴보시킬 수 있는 위험성이 있기에 AI가 무조건적으로 제시하는 정보에 의존하지 않도록 경계할 필요가 있습니다. AI는 학습을 보조하고 편리하게 사용할 수 있는 도구일 뿐이며, 결국 그 정보를 어떻게 판단하고 활용할지 결정하는 것은 인간의 몫입니다.

2010년 11월, 한국에서 열린 G20 서울정상회의 폐막식에서 미국의 버락 오바마 전 대통령은 전 세계 외신 기자들 앞에서 한국을 훌륭한 개최국이라 치켜세우며 한국 기자에게 특별히 질문할 기회를 주었습니다. 그런데 적막만 흐를 뿐 누구도 손을 들지 않았습니다. 아무도 질문하지 않자 중국 기자가 일어나 아시아를 대표하여 질문하겠다고 나섰고, 오바마가 다시 한국 기자에게 질문권을 주었으나 끝내 침묵했습니다. 마지막까지 "질문할 사람 없습니까?"라며 웃음 짓던 오바마의 모습이 떠오릅니다. 이 사건으로 한국은 세계의 웃음거리가 되었죠.

그로부터 14년이 지난 2024년, AI 시대를 맞아 질문력의 중요성이 재차 강조되고 있지만 우리 모두의 질문력은 과연 성장했을까요? 모 고등학교에서 이 사건에 대해 강연하며 왜 한국 기자들이 질문하지 않았는지를 묻자 학생들의 99%가 비슷한 답을 했습니다. 질문이 맞았는지 틀렸는지를 확신할 수 없고, 그 질문이 남들에게 어떻게 평가받을지 두려워서라고 했습니다. 사실 질문은 옳고 그름이 있는 것이 아닌데, 우리는 여전히 질문을 맞고 틀리고, 잘하고 못하고로 구분하며 평가하는 문화 속에 있습니다. 오히려 질문하는 사람들이 꿀 먹은 벙어리처럼 침묵하는 사람들로부터 평가받곤 합니다.

한국이 대량 생산 중심의 제조 기반 산업 국가로 발전하면서 다량의 노동력이 필요했고 이를 위해 일률적 교육 방식이 자리를 잡았습니다. 디지털 대전환 시기에도 정답을 맞히기 위한 암기식 학습과 점수 위주의 평가 방식은 여전히 굳건했으며, AI 시대에 들어

선 지금까지도 이러한 학습 방식에 큰 변화는 없습니다. 이와 같은 문화적 배경을 그대로 유지해서는 진정한 질문력을 발전시키기 어렵습니다. AI 디지털 교과서를 통해 변화의 기회를 맞이할 청소년들이 이러한 문화적 배경에서 벗어나기를 바랍니다. 질문은 맞고 틀림이 없으며, 그 누구도 이를 평가할 수 없다는 점을 꼭 기억하길 바랍니다.

5

AI는 만능이 아니다

우리는 현재 디지털 세상에 깊이 빠져 살아가고 있으며, 앞으로 학교에서 만나게 될 AI 디지털 교과서는 우리를 더욱 이 세계로 끌어들일 것입니다. 이제 AI 디지털 교과서를 받아들일 것인지에 대한 논쟁보다 이 새로운 학습 도구를 효과적으로 활용하는 방법을 찾아가는 것이 현명합니다. 즉, 기존의 아날로그 기반 수업 방식과는 다른, 새로운 공부 방식으로의 인식 전환이 필요하다는 뜻입니다.

현재 알파세대인 중고등학생들은 디지털 네이티브로 디지털 기기를 다루는 데 무척 익숙합니다. 하지만 여러분들에게 던져진 진정한 과제는 디지털 도구 활용의 기술적 측면이 아닌 학습 태도입니다. 예를 들어 학원에서 문제 풀이만 하고 학교에서 잠을 자는 습관이 남아 있는 학생들에게는 새로운 학습 방식을 받아들이기가 어려울 것입니다. 디지털 기기는 잘 다루겠지만, AI가 분석한 자신의 학업 능력 진단 결과의 유효성을 스스로 평가하고 비판적으로 바라보는 능력은 또 다른 과제이기 때문입니다. 기존에 학원이나 학교에서 일방적으로 제공하는 학습 과정과 성취도를 받아들이기만 했다면 AI 디지털 교과서와 같은 새로운 학습 방식을 능동적으로 수용하는 데에 어려움을 느낄 수도 있습니다.

AI 디지털 교과서의 AI 튜터가 제공하는 정보는 여러분의 학습에 직접적인 영향을 줄 수 있으므로, 그 정보가 나의 학습 성과와 실제로 연관이 있는지 검증해야 합니다. AI는 결코 모든 것을 해결해주는 알라딘의 요술 램프가 아니기 때문입니다.

현재 개발 중인 AI 디지털 교과서의 핵심 기능인 AI 튜터는 학생과의 상호작용을 통해 학습 수준을 진단하고 보완하는 역할을 담당할 예정입니다. 이를 위해서는 챗GPT와 같은 대규모 언어 모델LLM: Large Language Model 또는 멀티모달 모델Multi Modal Model(이미지, 음성, 비디오 등)이 필요합니다. 하지만 현실적으로 챗GPT를 만든 오픈AI를 비롯한 글로벌 기업이나 국내 IT 기업들조차도 정교한 AI 서비스를 개발하는 데 어려움을 겪고 있어, 국내 에듀테크 기업들이 단기간에 완성도 높은 AI 튜터를 구현하기란 쉽지 않습니다. 이러한 이유로 AI 디지털 교과서의 AI 튜터 기능이 초기에는 기대에 미치지 못할 수 있으며, 제공되는 정보의 정확성과 신뢰성을 완전히 보장할 수는 없을 것으로 예상합니다.

AI 디지털 교과서의 도입으로 한동안 새로운 학습 환경에서 오는 혼란은 불가피합니다. 이러한 환경 속에서 자신의 학습 능력을 주도하며 AI 튜터의 진단 결과에 대해 비판적으로 접근하고, 그 결과의 근거와 논리를 스스로 검토하고 타당성을 점검하는 능력을 개발해야 합니다.

특히 AI 튜터의 피드백이나 진단에 의문이 생기면, 선생님께 적극적으로 질문하고 그 진단의 정확성을 함께 확인하는 태도가 필요합니다. 그리고 AI 디지털 교과서의 다양한 기능을 잘 활용하여 학습 효율을 높이는 동시에 온라인 학습 환경에서 발생할 수 있는 윤리적 문제와 개인정보 보호에 대해서도 깊이 이해해야 합니다. 아울러 본인의 계정을 제외하고 다른 학생의 AI 디지털 교과서 계정에 정당한 이유 없이 접속해서는 안 됩니다. AI 디지털 교과서를 제대로 활용하기 위해서는 MDDAI 리터러시 능력을 길러 윤리적 책임감을 갖추어야 합니다.

현명한 사고의 시작, 메타인지

더 나아가 여러분은 자신의 학습 과정과 이해 수준을 스스로 평가하고 필요한 조치를 취할 수 있는 메타인지Metacognition 능력을 키워야 합니다. 메타인지는 '생각에 대한 생각'을 뜻합니다. 자신의 학습 방식을 한 단계 위에서 살펴보고 조절하는 능력입니다. 예를 들어 수학 문제를 풀 때 어떤 부분에서 어려움을 느끼는지 스스로 깨닫고 그 부분을 집중적으로 학습하는 것이 메타인지의 한 예입니다. 메타인지를 통해 무엇을 알고 무엇을 모르는지 파악하여 효과적인 학습 전략을 세울 수 있습니다. 이 능력이 업그레이드되면 AI 디지털 교과서를 활용해 자신에게 가장 효과적인 학습 방법과 전략을 찾아 적용할 수 있게 됩니다.

메타인지 능력을 키우는 것은 자기주도적 학습의 핵심 요소이며, AI 시대에 필요한 정보융합 능력을 발전시키는 데 중요한 역할을 합니다. AI 디지털 교과서를 통해 얻은 정보를 단순히 수용하지 않고, 그 내용의 타당성을 검토하는 비판적 사고가 필요한 이유도 바로 여기에 있습니다.

AI 디지털 교과서의 도입은 여러분에게 상당한 역량과 역할의 전면적인 변화를 요구합니다. 전 세계 누구도 시도하지 않은 새로운 길을 여러분이 열어가야 하므로 도전하려는 용기보다 두려움이 앞설 수도 있습니다. 그러나 두려워하지 마세요. 모든 변화에는 불안이 따르지만, 인생이라는 긴 여정을 보았을 때 이번 변화는 하나의 징검다리에 불과합니다. 오히려 이 변화가 여러분에게 새로운 기회가 될 수도 있고, 스스로도 몰랐던 잠재력과 능력을 발견하는 계기가 될 수도 있습니다.

AI는 여러분의 성적을 평가할 수 있지만, 끝없는 여러분의 잠재력과 창의성을 평가할 자격이나 능력은 없습니다. 그 누구도 여러분들의 미래를 점칠 수 없습니다. 이번 AI 디지털 교과서를 통해 질문을 더 깊이 있게 하고, 질문에 질문을 거듭해 나의 사고력과 창의성을 키워 나가는 도구로 활용하는 지혜로운 학습자가 되길 바랍니다.

Plus box

AI 디지털 교과서 도입에 따른 교사, 학부모, 학생의 역할

2025년 새 학기가 되면 맞이해야 할 AI 디지털 교과서를 2024년 12월 13일부터 3일간 개최된 '2024 대한민국 교육혁신 박람회'에서 저희도 직접 체험해 보았습니다. 이 과정에서 얻은 인사이트를 교사, 학부모, 학생 각자의 역할로 나누어 공유합니다.

1. 교사

가. AI 디지털 교과서의 기능 숙지

교사는 AI 디지털 교과서의 모든 기능과 사용법을 철저히 이해하고 활용에 능숙해야 합니다. 출판사별로 상당한 차이를 보이는 대시보드와 효율적인 수업을 위한 특별한 기능을 빠르게 습득해야 합니다. 이를 위해 개인적인 노력뿐만 아니라 정기적인 워크숍이나 교육 프로그램에 참여하여 업데이트된 추가 기능에 대한 정보를 지속적으로 파악해야 할 것입니다.

나. 기술 등 다양한 문제 해결 능력

AI 디지털 교과서를 처음 접하는 아이들의 기술과 기능적 질문이 쇄도할 뿐만 아니라, 학부모의 사용 방법과 학습 성과 분석에 대한 상담 요청이 늘어날 것으로 보입니다. 기본적인 디지털 기기를 다루는 기술 및 IT 능력을 배양하여 일반적인 문제를 해결하고, 복잡한 기술적 이슈 발생 시 기술지원팀과 원활하게 소통할 수 있는 능력을 갖추기를 추천해 드립니다.

다. 학생의 수업 참여 유도

교사가 이끄는 수업에 학생의 동참 여부를 알 수 있는 기능이 장착되어 있지만, 화면을 같이 보고 있을 뿐 학생이 적극적으로 참여하는지를 세세하게 파악하는 건 어렵습니다. 수업 중 학생들의 참여도를 높이는 질문, 반응 등을 설계하여 수업을 진행하는 것도 좋습니다.

2. 학부모

가. AI 디지털 교과서 대시보드 이해

학생들의 학업 성과는 모두 대시보드로 표시되어 있습니다. 아이들의 학습 성과를 한눈에 볼 수 있는 장점이 있지만, 제대로 읽어내고 해석하기가 쉽지 않습니다. 학부모 또한 AI 디지털 교과서의 기본 원리와 작동 방식을 이해하기 위한 지속적인 학습이 필요합니다. 아이들과 함께 기능을 익히고 교사와의 상담, 학교나 교육청에서 개최하는 설명회 등에 참여하는 것도 좋습니다.

나. 디지털 학습 환경 조성

안정적인 인터넷 연결과 학습에 방해가 되는 요소를 최소화한 환경을 조성합니다. AI 디지털 교과서가 학습 도구라는 점을 강조하며, 자녀가 스스로 학습 계획을 세우고 실천하도록 돕습니다. 학습 진도와 성과를 점검하며 필요한 경우 학습 방향을 조정할 수 있도록 지도합니다. 새로운 학습 방식에 적응하는 데 어려움을 겪는 경우, 격려를 해 주시기 바라며 어떤 어려움이 있는지를 파악하여 교사와 상담하고 아이에게 지원자의 역할이 되어야 합니다.

다. 디지털 디톡스를 위한 지원

AI 디지털 교과서는 아이들이 디지털 기기와 더 오랜 시간을 보내게 합니다. 이러한 점을 보완할 수 있는 활동을 하도록 유도해 주시기 바랍니다. 책을 읽는 것도 좋고, 운동이나 음악을 듣거나 그림을 그리게 하는 것도 좋습니다. 자연을 접하는 것은 더욱 아이들의 감성을 자극하며 피로해진 눈을 보호하는 데도 좋은 효과가 있을 것입니다.

3. 학생

가. 적극적이고 능동적인 학습 자세

수업 시간에 이탈하지 않고 적극적으로 수업에 임하는 자세가 필요합니다. 자신의 학습 상태를 점검하고 목표를 세우며 스스로 질문하고 탐구하는 학습의 자세로 바꾸어나가야 합니다. 개념 이해를 넘어서 팀 프로젝트, 토론, 그룹 학습 활동에도 적극적으로 참여하고, 어려움을 겪는 친구들은 도와주면서 학습의 폭을 넓히고 다양한 관점을 배우는 기회로 활용해야 합니다.

나. 책임감 있는 디지털 기기 사용

AI 교과서 사용법과 관련된 기본 디지털 기술을 익혀 학습에 적응하도록 합니다. 학습 목적에 부합하도록 AI 교과서를 활용하며 기술을 악용하거나 학습 외 목적으로 사용하는 행동을 삼가고, 수업 도중 이탈을 하거나 수업 창 외 다른 창을 띄우는 등 인터넷 사용을 해서는 안 됩니다.

다. 교사 및 학부모와의 소통

학습에 어려움이 있다면 문제 해결을 위해 즉각 선생님이나 부모님과 대화를 나누길 바랍니다. 이는 더 좋은 학습 환경을 조성하고 수업 개선에 기여할 수 있습니다. 직접 사용해 보면서 나타나는 작은 문제점을 공유하고 더 나은 방향으로 나아가기 위해 함께하는 자세가 필요합니다.

2024 대한민국 교육혁신 박람회 (저자 촬영)

에필로그

AI 시대, 우리는 개척자가 될 것인가?

한국 경제의 부흥을 일으켰던 베이비 붐 세대이자 현재의 실버 세대들은 디지털 소외를 직접 경험하는 경우가 많습니다. 요즘에는 은행에 가면 종이로 된 신청서 대신 익숙하지 않은 디지털 신청서를 사용하는 경우가 많아졌죠. 종이 대신 태블릿 화면이, 볼펜 대신 스마트 펜이, 도장 대신 디지털 서명이 그 자리를 대신하고 있습니다. 약 20~30년 전만 해도 이들이 사회의 중심에 있을 때는 이러한 변화는 상상하기 어려운 일이었습니다.

디지털 시대가 열리기 전 1990년대까지만 해도 기업들은 매년 정기적인 감사를 받을 때를 대비해 모든 자료를 철저히 정리하고 보관해야 했습니다. 필요할 때마다 산더미 같은 종이 자료를 꺼내 찾아야 했으며, 시간이 지나면 자료는 먼지가 쌓이고 색이 변해 찾기도 어려웠습니다. 특정 기간이 지나면 분쇄업체를 불러 모든 자료를 파기했고, 그간의 정보는 기억 속에만 남게 되는 과정을 반복했습니다. 이러한 프로세스는 일보다 더 많은 시간을 소모하게 했던 아날로그 시대의 고약한 번거로움이었습니다.

그에 반해 디지털 혁명은 그야말로 '혁명'이었습니다. 종이 대신 파일에 기록하고, 먼지가 쌓여가는 창고 대신 폴더에 저장하며, 마우스 클릭 한 번으로 자료를 손쉽게 검색할 수 있게 되었습니다. 불필요한 자료를 삭제하는 것도 클릭 한 번으로 끝나니 어찌 혁명이 아니라 할 수 있었겠어요? 이렇게 간소화된 프로세스는 정보의 대량화로 이어졌습니다. 누구나 문서나 사진, 영상을 쉽게 저장하고 공유할 수 있는 시대가 된 것이죠. 그러나 정보의 대량화는 가치 있는 정보와 그렇지 않은 정보들이 혼재하게 되었고, 가짜 뉴스의 확산으로 인해 정보의 위험성도 커지고 있습니다. 특히, 실버 세대는 디지털 소외로 인해 보이스 피싱과 같은 디지털 범죄의 피해자가 되기 쉬운 상황에 놓여 있습니다. 이처럼 디지털 세상이 만들어가는 편리함은 새로운 부작용을 낳고 있습니다.

디지털 편중 시대에도, 아날로그의 소중한 가치는 남아 있어야 합니다. 번뜩 떠오르는 아이디어가 있을 때 빨리 그 아이디어를 표현해 내야 하죠. 막 피었다 사라지는 연기처럼 아이디어는 금세 머릿속에서 증발할 수 있기 때문입니다. 이때 종이와 볼펜을 잡아 바로 그려나간다면 어떨까요? 그리다 실패하면 다음 페이지에 바로 그리면서 반복할 수 있습니다. 그럼 디지털 기구를 쓰면 어떨까요? 먼저 컴퓨터를 켜야 하고 부팅이 될 때까지 기다렸다가 마우스를 잡고 필요한 파일을 열어야 합니다. 열린 페이지에 디지털 기구를 사용해 그리고 수정하는 과정을 계속 반복해 나갈 거예요. 이런 과정은 디지털이 아날로그보다 훨씬 더 번거롭습니다. 디지털의 간소화를 위해 설정된 이런 규칙들이 오히려 방해가 되고 창의성을 퇴보시킵니다. 선택의 폭도 좁죠.

컴퓨터가 제시한 도형과 글씨체와 색깔은 한정적이지만 종이와 펜은 다릅니다. 물리적인 공간의 제한만 있을 뿐 도형도, 글씨체도, 물감을 이용해 만들 색깔도 한정적이지 않습니다. 표현하고 싶은 대로 표현할 수 있는 자유가 주어집니다. 물론 표현하고 싶은 것을 그대로 표현해낼 수 있다는 건 다른 문제이지만, 최소한 내가 원하는 표현 방식을 그대로 실행에 옮길 수 있는 선택과 창작의 자유로움이 있습니다. 물리적으로 주어진 재료, 공간, 시간의 제약이 오히려 상상력을 자극하고 풍성한 선택으로 이어집니다. 한결같지 않은 울퉁불퉁한 선과 삐쭉빼쭉한 글씨가 오히려 더 인간다움으로 다가오며 오랜 기간 견고히 우리 마음을 울립니다. 이러한 울림은 우리 청소년들이 디지털 세상에서도 함께 가져가야 할 소중한 유산입니다. 빠르고, 간편하고, 편한 디지털 세상에서도 투박하고, 느리고, 깊이 있는 아날로그와의 밸런스는 여러분들을 디지털 세상의 주인공으로 서게 할 것입니다.

코로나 팬데믹이 일어난 2020년 전까지 저는 미국, 유럽, 일본, 중국 등을 다니며 4차 산업혁명 기술이 어떻게 생활 곳곳에 접목되어 가고 있는지 현장을 직접 목격하고 다녔습니다. 2018년 5월 일본 나가사키 사세보, 하우스텐보스에 로봇 시스템으로 운영되는 로봇 레스토랑이 있다는 정보를 찾고 달려갔습니다. 아이스크림도 담고 볶음밥도 만들고 전도 부치는 등 로봇이 다양한 기능을 수행하고 있었는데, 전을 부치는 로봇을 한참 쳐다보다 터져 나오는 웃음을 참지 못했습니다.

당시 이 로봇은 전 한 장을 부치는 데 13분 정도가 걸렸는데 10분이 흘렀을 때쯤 문제가 발생했습니다. 뒤집힌 전의 위치가 로봇에 설계된 위치와는 전혀 다른 곳에 떨어졌고, 로봇은 음식의 바뀐 위치를 파악하지 못한 채 조리를 이어갔습니다.

전을 부치는 기능으로 설계된 이 로봇은 전의 위치와 상태에 대해서는 전혀 관여할 수 없는 속 빈 깡통 로봇인 것이죠. 만약에 이 로봇에 AI가 장착된다면 어떻게 될까요?

먼저 AI는 뒤집힌 전의 다양한 모습을 학습할 것입니다. 동그란 모양, 한쪽이 접힌 모양, 양쪽이 접힌 모양, 뒤집힌 전의 위치도 여러 방향에서 생길 수 있어 다각도의 위치를 나타낸 데이터를 학습한다고 생각해 보겠습니다. 전의 익은 정도를 파악할 수 있는 데이터까지 학습했다면 어떻게 될까요? 뒤집힌 전이 완전한 모습이 아님을 파악하고 어느 쪽에 위치해 있는지를 올바르게 찾아 뒤집을 것이고, 익은 정도에 따라 뒤집는 타이밍도 달라질 것입니다. AI의 힘이 바로 여기에 있습니다.

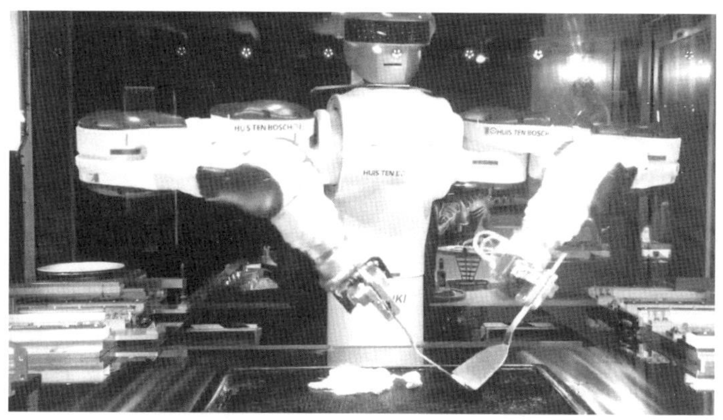

불판에 떨어진 전의 위치와 다른 위치에서 작업 중인 로봇(2018년 5월, 저자 촬영)

2025년 3월부터 도입되는 AI 디지털 교과서는 인공지능 기반이라는 점을 강조하며 홍보되고 있습니다. 그러나 이 AI 디지털 교과서가 혹여 이 로봇과 크게 다르지 않을까 하는 우려도 있습니다. 학생들의 학습 데이터가 아직 부족하다는 점, 학생들이 적극적으로 수업에 임할 수 있느냐는 점, 교사와 학부모가 AI의 분석 내용을 얼마나 잘 이해하고 학생과 교감할 것이냐 하는 점 등 AI 디지털 교과서의 시스템적 문제에 직접 관여하는 인간이 행하는 자세와 태도, 행동의 격차로 인해 AI 디지털 교과서가 속 빈 교과서가 될 수 있음을 간과해서는 안 됩니다. 특히 학생의 개념 이해가 점수(정량적 데이터) 기반의 평가로 이어져야 한다는 고정관념을 그대로 적용해 발생하는 데이터 해석 불균형은 AI 튜터가 개별 학습 개선을 위한 학습 경로 제시를 제대로 수행하고 있는지에 대해 의문을 품게 합니다. 학생의 학습 약점과 강점을 점수에 기초해서 파악하고 학습 전략을 제시한다면 AI 멘토는 점수만 잘 맞히고 빠르게 풀 수 있는 문제만 추천할 가능성도 배제할 수 없습니다.

우리 청소년들은 이 점을 명확히 파악하고 있어야 합니다. 그래서 청소년들에게 당부하고자 합니다. 비록 2025년 3월 AI 디지털 교과서가 도입되어 여러 가지 시행착오가 있더라도 중심을 잡고 AI 튜터와의 수업과 질문에 적극적인 참여를 하길 바랍니다. 동시에 AI 디지털 교과서가 추천하는 학습 방식에 대해서도 의문을 가지기 바랍니다. 처음으로 만날 AI 멘토는 여러분이 장난치기 쉬운 상대가 될 수 있으나 몇 년 뒤에는 여러분의 의도까지 파악할 정도로 진화될 수 있음을 알아야 합니다. 설사 AI 디지털 교과서를 통해 고도화된 AI 경험은 하지 못 한다 하더라도 성인이 되어서 동료로 혹은 친구로 인공일반지능AGI를 넘어 슈퍼인공지능ASI을 탑재한 휴머노이드 로봇을 만나게 될 것입니다.

이제 본격적으로 AI를 잘 활용하는 1%가 되느냐, AI의 지시를 받는 99%가 되느냐 하는 중요한 전환점을 맞이했습니다. 시대를 막론하고 혁신을 주도했던 사람들의 공통점은 변화를 두려워하지 않고 새로운 가능성에 도전하는 열정을 가지고 있었다는 겁니다. 20세기 초 헨리 포드는 자동화라는 혁신적인 생산 방식을 도입하여 자동차 산업을 변화시켰고, 디지털 혁명의 선구자로 꼽히는 스티브 잡스는 기술과 인문학의 융합으로 기계와 인간의 삶을 새롭게 연결했습니다. 이들이 이룬 혁신은 변화를 두려워하지 않고 정면으로 맞섰기에 가능했습니다. 경험해 보지 않은 미지의 세계를 두려움보다 더 큰 희망으로 빚어 자신만의 날개를 펼쳐 앞으로 당당히 나아가길 바랍니다.

참고문헌

- 황병서, "딥페이크에 학교도 '발칵'... 10대 파고든 딥페이크 성범죄", 이데일리, 2024.08.26
  https://www.edaily.co.kr/News/Read?newsId=02302566638991256&mediaCodeNo=257&OutLnkChk=Y
- 스탠퍼드대학교 인간 중심 AI 연구소, AI Index Report 2021, 2021
- Ray Kurzweil, "The Singularity is Near", Viking Press, 2005
- Peter H. Diamandis & Steven Kotler, "Abundance: The Future Is Better Than You Think", Free Press, 2012
- Andrew Yang, "Make tech companies pay you for your data", LA Times, 2020
  https://www.latimes.com/opinion/story/2020-06-23/andrew-yang-data-dividend-tech-privacy
- Shumailov, I., Shumaylov, Z., Zhao, Y. et al, "AI models collapse when trained on recursively generated data", nature, 2024.07.24
  https://www.nature.com/articles/s41586-024-07566-y
- Emily Wenger, "AI produces gibberish when trained on too much AI-generated data", nature, 2024.07.24
  https://www.nature.com/articles/d41586-024-02355-z
- Meredith Ringel Morris 외, "Levels of AGI for Operationalizing Progress on the Path to AGI", arXiv, 2023
  https://arxiv.org/abs/2311.02462v4
- 나무위키, "핑프"
  https://namu.wiki/w/%ED%95%91%ED%94%84
- "생성형 AI(LLM)의 정치 편향성 분석 결과", 한국언론진흥재단 KPF 미디어 브리프, 2024.1호
- "응답자 41.9%, "딥페이크 가짜뉴스 판별 못해"", 과학기술정보통신부 보도자료 2024.12.09
- "2023년 국민 독서 실태조사 보고서", 문화체육관광부, 11-1371000-000154-10,

2023.12

- "2024 초·중등 진로교육 현황조사 결과 발표", 교육부 보도자료, 2024.12.04
- 네이버 지식백과, "텍스트힙"
  https://terms.naver.com/entry.naver?docId=6730495&cid=43667&categoryId=43667
- 나무위키, "한자어"
  https://namu.wiki/w/%ED%95%9C%EC%9E%90%EC%96%B4?uuid=95eb2a74-b570-4301-a0df-1ad92fc4b595
- 허미담, ""책 읽는 나 멋지지 않아?"…MZ 새 트렌드 '텍스트힙'", 아시아경제, 2024.09.08
  https://view.asiae.co.kr/article/2024090614554373852
- 임훈구, "저널리즘은 '힙'해질 수 있을까", 아시아경제, 2024.09.10
  https://view.asiae.co.kr/article/2024091009355884399
- Chloe Mac Donnell, "'Reading is so sexy': gen Z turns to physical books and libraries", The Guardian, 2024.12.09
  https://www.theguardian.com/books/2024/feb/09/reading-is-so-sexy-gen-z-turns-to-physical-books-and-libraries
- Sarah Phillips, "The experts: librarians on 20 easy, enjoyable ways to read more brilliant books", The Guardian, 2024.05.25
  https://www.theguardian.com/lifeandstyle/2024/apr/25/the-experts-librarians-on-20-easy-enjoyable-ways-to-read-more-brilliant-books
- "National Geographic lays of its last remaining staff writers", The Washington Post, 2023.06.28
  https://www.washingtonpost.com/media/2023/06/28/national-geographic-staff-writers-laid-off/
- 이준혁, "135년 역사 내셔널지오그래픽, 소속 기자 전원 해고", 이데일리, 2023.06.29
  https://www.edaily.co.kr/News/Read?newsId=03463686635646640
- "The Onion's cutting edge: paper", The Economist, 2024.09.02
  https://www.economist.com/united-states/2024/09/02/the-onions-cutting-

edge-paper

- Science Direct, “Sapir-Whorf Hypothesis”
  https://www.sciencedirect.com/topics/psychology/sapir-whorf-hypothesis
- 로버트 파우저, “언어가 사고와 세계관을 지배하는가”, 시사저널, 2020.04.12
  https://www.sisajournal.com/news/articleView.html?idxno=198451
- SBS 뉴스, “[모닝 스브스]신조어가 바꾸는 의식들...’사피어-워프 가설’을 아시나요?”, 2018.10.10
  https://news.sbs.co.kr/news/endPage.do?news_id=N1004965304&plink=ORI&cooper=NAVER&plink=COPYPASTE&cooper=SBSNEWSEND
- Using AI WorKplace, OECD
  https://www.oecd.org/en/publications/using-ai-in-the-workplace_73d417f9-en.html
- Fabio Duarte, “Amount of Data Created Daily”, Exploding Topics, 2024.06.13
  https://explodingtopics.com/blog/data-generated-per-day
- Edmond Awad, Jean-François Bonnefon, Azim Shariff and Iyad Rahwan, “The Thorny Challenge of Making Moral Machines: Ethical Dilemmas with Self-Driving Cars”, doi 10.2478 / nimmir-2019-0015
- King’s College London, Martin Moore, Centre for the Study of Media, Communication and Power
- 문세영, “게임 많이 하면 뇌 기능 ‘진짜’ 떨어진다”, 동아사이언스, 2024.01.04
  https://m.dongascience.com/news.php?idx=63184
- 이한, “열올리는 데이터센터 증설...’안전·친환경’ 숙제로”, 동아경제뉴스, 2023.11.29
  https://www.daenews.co.kr/23531
- 네이버 지식백과, “비경합성”
  https://terms.naver.com/entry.naver?docId=659657&cid=42152&categoryId=42152
- The EU Artificial Intelligence ACT
  https://artificialintelligenceact.eu/
- “과학 기술 정책 Brief”, 과학기술정책연구원, ISSN 2951-4037 vol. 31, 2024.08.20

- "국내 ·외 피싱(Phishing) 대응 현황 및 시사점 : 미국·EU·영국·독일·일본·중국 중심으로", 한국인터넷진흥원, 2024.10
- 배상률, "미디어 속 학교폭력 양상 분석을 통한 학교폭력 예방 및 대응 방안 도출", 한국청소년정책연구원, 연구보고23-수시02, 2023.12.31
- 이병희, "'AI 제작 콘텐츠' 식별 中 먼저 치고 나왔다... 표시 의무화 규정 초안 발표", 이코노미스트, 2024.09.15
  https://economist.co.kr/article/view/ecn202409150008
- "저널리즘, 가짜 뉴스 & 허위 정보", 국제연합교육과학문화기구&한국언론진흥재단
- "美 캘리포니아주 'AI 규제법' 의회 통과…실리콘밸리 기업 반발 거셀 듯", AI 포스트, 2024.08.30
  https://blog.naver.com/aipostkoreayhd/223565739742
- Awad, Edmond; Bonnefon, Jean-François; Shariff, Azim; Rahwan, Iyad, "The Thorny Challenge of Making Moral Machines: Ethical Dilemmas with Self-Driving Cars", MIT Libraries, Vol. 11, No. 2, 2019 NIM Marketing Intelligence Review, 2019
  https://dspace.mit.edu/handle/1721.1/135920
- James Tapper and Aneesa Ahmed, "The 'boring phone': stressed-out gen Z ditch smartphones for dumbphones", The Guardian, 2024.04.27
  https://www.theguardian.com/society/2024/apr/27/the-boring-phone-stressed-out-gen-z-ditch-smartphones-for-dumbphones
- 유호경, "Z세대는 왜 폐쇄성 SNS에 열광할까", 이코리아, 2024.04.23
  https://www.ekoreanews.co.kr/news/articleView.html?idxno=72982
- 김효경, ""탈퇴할까"…MZ세대에게 퍼진 'SNS 피로증후군'", 뉴시스, 2023.07.13
  https://www.newsis.com/view/?id=NISX20230713_0002374881&cID=10201&pID=10200
- Liam Mays, "Dumb phones are on the rise in the U.S. as Gen Z looks to limit screen time", CNBC, 2023.03.29
  https://www.cnbc.com/2023/03/29/dumb-phones-are-on-the-rise-in-the-us-as-gen-z-limits-screen-time.html
- "Fake news, filter bubbles and post-truth are other people's problems...", Ipsos

Public Affaires
https://www.ipsos.com/en-uk/fake-news-filter-bubbles-and-post-truth-are-other-peoples-problems

- Anton Konopliov, "Key Statistics on Fake News & Misinformation in Media in 2024", Redline, 2024.06.26
https://redline.digital/fake-news-statistics/
- Trevor Wheelwright, "Cell Phone Usage Stats 2024: Americans Check Their Phones 205 Times a Day", Reviews.org, 2024.12.16
https://www.reviews.org/mobile/cell-phone-addiction/
- "새로운 kr도메인이 온다! ai.kr, io.kr, it.kr, me.kr", 한국인터넷진흥원, 2024.11.25
https://www.kisa.or.kr/401/form?postSeq=3401
- 이재윤, "[그래픽] AI 디지털교과서 도입 과목·적용 일정", 연합뉴스, 2023.06.08
https://www.yna.co.kr/view/GYH20230608000400044
- "AI 디지털교과서에 대한 궁금증? 답변드립니다.", 대한민국 정책브리핑, 2024.07.18
https://www2.korea.kr/multi/visualNewsView.do?newsId=148931582&pWise=sub&pWiseSub=J2)
- Anderson Cooper, "Groundbreaking study examines effects of screen time on kids", CBS NEWS, 2018.12.09
https://www.cbsnews.com/news/groundbreaking-study-examines-effects-of-screen-time-on-kids-60-minutes/
- Travis Bradberry, "Multitasking Damages Your Brain And Career, New Studies Suggest", Forbes, 2021.12.10
https://www.forbes.com/sites/travisbradberry/2014/10/08/multitasking-damages-your-brain-and-career-new-studies-suggest/
- Deniz, F., Nunez-Elizalde, A. O., Huth, A. G., & Gallant, J. L. (2019). "The representation of semantic information across human cerebral cortex during listening versus reading is invariant to stimulus modality", The Journal of Neuroscience, 39(39), 7722-7736
- Wikipedia. "Big data"

http://en.wikipedia.org/wiki/Big_data

- 나무위키, "NFT"

  https://namu.wiki/w/NFT

- "2023 인터넷 이용 실태 조사", 과학기술정보통신부

  U.S. Department of Education, Office of Educational Technology. (2012). Enhancing Teaching and Learning Through Educational Data Mining and Learning Analytics: An Issue Brief. Washington, D.C

- 랄프 왈도 에머슨, 『자기신뢰』, 현대지성, 2021
- 지그문트 바우만, 『액체 현대』, 필로소픽, 2022
- 베벌리 파크 울프 , 『Building Intelligent Interactive Tutors』, Morgan Kaufmann Publishers, 2008
- 최서연·전상훈, 『AI, 질문이 직업이 되는 세상』, 미디어숲, 2024
- 전상훈·최서연, 『챗GPT, 질문이 돈이 되는 세상』, 미디어숲, 2023
- 전상훈·최서연, 『유튜브 떡상의 비밀』, 더로드, 2022
- 마이클 샌덜, 『정의란 무엇인가』, 와이즈베리, 2014
- 매리언 울프, 『다시, 책으로』, 어크로스, 2019
- 레인 스미스, 『그래 책이야』, 문학동네, 2018
- 최서연, "블록체인 기반의 데이터 소유권 추적 모델에 관한 연구: 데이터 가치 중심으로", 2021.08
- AI 디지털교과서 통합지원센터

  https://aidt.keris.or.kr/aidt/main.page

- AI 디지털 교과서 개발 가이드라인